世界公民叢書

未來的・全人類觀點

傅佩榮——著

傅佩榮講莊子

第三冊・雜篇

思想深刻、系統完整、啟發無限
中國最大音頻平台喜馬拉雅FM熱門課堂
最新修訂改寫

傅佩榮講莊子：第三冊．雜篇

【目錄】本書總頁數 296 頁

作者序

《莊子》一書有三點特色：思想深刻、系統完整、啟發無限。

首先，思想深刻。思想的作用是在面對問題時，釐清來龍去脈、分辨前因後果，進而找出解決辦法。深刻之標準在於合理解釋「痛苦、罪惡、死亡」這人生三大奧秘。譬如，痛苦由何而來？來自認知偏差，產生欲望及煩惱，經由比較與計較而片刻不得安寧。罪惡如何出現？由有知有欲而採取不當的行動，違反了法律、禮儀與道德，從競爭走向鬥爭，再陷入各種形式的戰爭。死亡是怎麼回事？有生有死是自然的，也是必然的，那麼對死亡應該害怕逃避，還是坦然接受？這些難題在《莊子》書中都有深入的剖析與討論。麻煩在於：他使用了大量的寓言、重言與卮言。

現在，這些「悠遠無稽的說法、廣大虛幻的言談、漫無邊際的語詞」（「謬悠之說、荒唐之言、無端崖之辭」）（33．8），在本書得到最大程度的闡述，可以清楚展示出來。

其次，系統完整。儒家的孔子說：「吾道一以貫之。」第一流的哲學家無不如此，可以用一個核心觀念貫穿並建構起自己的全部思想。老子開創了道家，莊子踵事增華，在一以貫之方面更見明確。一以貫之，才有系統完整可言。所謂系統完整，就是表現「2+1」的格局。「2」是自然界與人類，合稱為萬物或「物」。莊子三度說：能夠明白「未始有物」，才算抵達至高智慧。因此，若無「1」做為來源與歸宿，前面的「2」不是幻覺嗎？這個「1」正是老子與莊子最為珍視的「道」。少了這個「道」，莊子思想將失去重心，乏善可陳。不懂這個「道」，再聰明的讀者也只能像河伯一樣嘆息。莊子以「自本自根」描寫道之超越性（超越於萬物之外），又以「無所不在」形容道之內存性（內在於萬物之中）。這兩句話八個字是貫穿全書的主軸。認識這樣的道，對人類有什麼啟發？

第三，啟發無限。只要仔細閱讀，則 33 篇的每一章都會帶來或深或淺的啟發，讓人隨著自己的年齡、處境、遭遇而有不同的感悟。簡單以三觀而論。首先，以宇宙觀來說，空間不再局限，使人可以逍遙於無窮，遨遊於廣漠之野、無何有之鄉；時間遁入永恆，使人體會無古無今、不死不生的意境。「天地與我並生，而萬物與我為一」（2・9），可謂一語道破人類冥想實修的頂峰經驗。然後，以人生觀來說，可以用四字訣來統括四方面的態度：與自己要「安」，與別人要「化」，與自然要「樂」，與大道要「遊」。本書結論部分由這四字訣發展成四篇短文，代表作者對莊子的研究心得。至於價值觀，則涉及修行的過程及方法。

先說修行過程。萬物由道而來，又回歸於道。萬物由道獲得本性與稟賦，由此形成各自的「德」，並共同搭配為一個和諧的整體（道通為一）。唯獨人類需要修行，因為人的德是認知能力，而認知的自發作用是「區分」，由區分善惡、美醜、貴賤、利害、是非、成敗，孕生各種欲望及爭鬥，造成無數的痛苦與患難。修行的過程是：使認知從區分提升到「避難」，以較長遠的眼光看出人間價值觀是正反相對，並無必然標準的，於是為自己保留一個安全的生存領域。進一步，再由避難提升到「啟明」，抵達悟道層次，「以道觀之，物無貴賤」（17・5），然後可以品味「安、化、樂、遊」的奧妙。

再說修行方法。方法始於一句莊子說了至少三次的話：「形如槁木，心如死灰」。在莊子筆下，人的生命由身體、心智與精神所組成。必待消解身體的本能及衝動，排除心智的取巧及執著，進入「虛」的狀態，然後那長期被身心活動所遮蔽的「精神」才會脫穎而出，與「道」契合。所謂「心齋、坐忘」，所描述的都是類似的方法。

莊子明顯發展了老子思想。在老子《道德經》中，「聖人」是悟道的統治者，「聖人」及其同義詞出現於佔全書一半的四十章中，主導了老子的理想國度。到了莊子筆下，重點轉為「悟道的個人」，期許一個人成為「真人、神人、至人、天人、聖人」。這些名稱，除了「聖人」偶有世俗用意而受到批判，所指皆為悟道的個人。對悟道者而言，道成為擬人化的「造物者」，是可以作伴同遊的朋友，如「上與造物者遊」（33・8）一語，成為莊子精神境界的寫照。由此可以想見，《莊子》一書的啟發是無所限制的。如果莊子不是一位思想深刻、系統完整、啟發無限的哲學家，我們何以能從他的書中得到源源不絕的驚喜與覺悟？

我自 2021 年 11 月起，在喜馬拉雅教學平台講述《莊子》，共 214 集。正如我所錄製的各種課程，播出的音頻經過琪媗的細心整理，保持了良好品質。在此之前所講述的《老子・道德經》與《易經》已經面世。我在解讀四書三玄時，曾表示：譯解《莊子》，所費心力最大而收穫也最多。在整理文稿時，開始是依音頻的逐字稿進行補充修訂，後來覺得常有未盡之意，於是重新改寫，依各章的主要觀念，貫穿 33 篇，溯及老子思想，如此方可發揮自己學習《莊子》的全部心得。本書各節編排，依「原文、譯文、講解」的順序，但是作者誠懇建議的讀法是：一，先念譯文，明白原文的意思。譯文與原文字句相應，盡量不錯過任何一字的解說。二，再念原文，並且多念幾遍，記下名言金句以便存思冥想。三，最後念講解，除了知道作者的引申發揮，還可孕生個人的心得。

本書前有〈引論〉5 篇（第一冊），邀請你光臨莊子的心靈大觀園，後有〈結論〉4 篇（第三冊），總結莊子對現代人的明確點撥。完成本書，心情愉悅而興奮，期待與朋友們共享。

傅佩榮於 2025 年元月

雜篇

〈庚桑楚〉 第二十三

要旨

本篇由學生請益的角度，讓老聃發揮他的觀點。若想在世間做到「知、仁、義」，則難以抉擇對誰有利。老子為此暢談「衛生之經」，提出九個問題要人自省。文中再度提及古之人的至高智慧是明白「未始有物」。然後行走於世間，則像聖人一般，全依「不得已」而定。

152〈庚桑楚 23・1—23・2〉

認知有偏差，後代人吃人

《莊子》的「雜篇」從第 23 篇〈庚桑楚〉到第 33 篇〈天下〉，共 11 篇。庚桑楚是老聃的學生，他向老聃學習之後回到家鄉，把當地的農村社會治得很好。

古代百姓沒有受高等教育的機會，所以一個人學習有了心得，就可以進入管理階層。庚桑楚的管理頗有成效，但他的學生程度未必很高，仍然在乎百姓的反應。

這裡要補充一點，就是司馬遷在《史記》寫到莊子的部分，特別提及「畏壘虛、亢桑子之屬」，然後說：在這裡面都是講空話，沒有什麼事實根據。司馬遷是歷史學家，只問事實，而不喜歡寓言或想像的東西。他筆下的亢桑子就是庚桑楚，而畏壘虛是他學成之後前往治理的畏壘山中。現在看〈庚桑楚〉第一、二章。

23・1

老聃之役有庚桑楚者，偏得老聃之道，以北居畏壘之山，其臣之畫然知者去之，其妾之挈（ㄑㄧㄝˋ）然仁者遠之；擁腫之與居，鞅掌之為使。居三年，畏壘大壤。畏壘之民相與言曰：「庚桑子之始來，吾洒然異之。今吾日計之而不足，歲計之而有餘。庶幾其聖人乎！子胡不相與尸而祝之，社而稷之乎？」庚桑子聞之，南面而不釋然。弟子異之。庚桑子曰：「弟子何異

於予？夫春氣發而百草生，正得秋而萬寶成。夫春與秋，豈無得而然哉？天道已行矣。吾聞至人，尸居環堵之室，而百姓猖狂不知所如往。今以畏壘之細民，而竊竊焉欲俎（ㄗㄨˇ）豆予於賢人之間。我其杓（ㄉㄧˋ）之人邪？吾是以不釋於老聃之言。」

【譯文】

老聃的弟子中，有一位叫做庚桑楚的，他學了一些老聃的道，就去北方住在畏壘山中。他的僕人中有炫耀智巧的，就被辭去，他的侍妾中有標榜愛心的，就被疏遠；只有無知的人與他同住，只有樸素的人供他差使。定居三年之後，畏壘一帶大為豐收。畏壘的百姓互相說道：「庚桑子剛來時，我們很驚訝，覺得他很特別。現在我們的收入，以日計算仍嫌不足，以年計算卻有剩餘。他大概是聖人吧！我們何不一起推他為主，敬奉他呢？」庚桑子聽到這件事，南面而坐，神情不悅。弟子們覺得奇怪。庚桑子說：「你們為什麼覺得我很奇怪？春天氣息勃發而百草生長，到了秋天所有果實都成熟了。春天與秋天，難道沒有憑藉就能如此嗎？這是自然之道運行的結果啊！我聽說，至人安靜地住在狹小斗室中，而百姓自由走動，不知該去哪裡。現在畏壘的小民竊竊私語，要把我列在賢人之間來敬奉。我難道是做表率的人嗎？想起老聃的話，我就於心不安。」

庚桑楚受過教育，在畏壘山中擔任管理者。他曾向老聃學習，懂得單純樸實、少私寡欲的原則，於是從自身做起，疏遠僕人（男稱臣，女稱妾）中的知者與仁者，而親近無知者與樸素者。他以此持家，也以此治民。三年下來，畏壘豐收。百姓只看結果，於是推崇他為聖人，想要敬拜他有如神明。這裡有一句，「日計之而不足，歲計之而有餘」，聽起來不合常理。但意思是，專心於工作上，不再斤斤計較，然後，無心而為，無為而成。符合老子《道德經》第 37 章所說的「道常無為而無不為」。這也正是庚桑楚所奉行的自然之道（天道）。他想效法「至人」的簡單無為，讓百姓自在生活，但是現在被當成賢人來敬奉，實在有違老聃的教誨。

由此可知，百姓一般接受儒家的觀念，推崇聖人與賢人，希望過上平安富足的生活。而道家希望順其自然、無為而治，以修成悟道的至人為目標。

現在，面對這個處境，他的弟子有何反應？

23・2

弟子曰：「不然。夫尋常之溝，巨魚無所還其體，而鯢鰌（ㄧㄡˊ）為之制；步仞之丘陵，巨獸無所隱其軀，而孽狐為之祥。且夫尊賢授能，先善與利，自古堯、舜以然，而況畏壘之民乎！夫子亦聽矣！」庚桑子曰：「小子來！夫函車之獸，介而離山，則不免於罔罟之患；吞舟之魚，碭（ㄉㄤˋ）而失水，則蟻能苦之。故鳥獸不厭高，魚鱉不厭深。夫全其形生之人，藏其身也，不厭深眇（ㄇㄧㄠˇ）而已矣！且夫二子者，又何足以稱揚哉！是其於辯也，將妄鑿垣牆而殖蓬蒿也。簡髮而櫛，數米而炊，竊竊乎又何足以濟世哉！舉賢則民相軋，任知則民相盜。之數物者，不足以厚名。民之於

利甚勤，子有殺父，臣有殺君，正晝為盜，日中穴阫（ㄅㄟ）。吾語汝，大亂之本，必生於堯、舜之間，其末存乎千世之後。千世之後，其必有人與人相食者也！」

【譯文】

弟子說：「不是這樣的。平常的小水溝裡，大魚沒有轉身的空間，可是泥鰍卻自在悠游；低矮的小丘陵上，巨獸沒有藏身的地方，可是狐狸卻來去自如。再說，尊重賢者，舉用能人，推崇善行，施與利益，從古時候堯、舜以來就是如此，何況是畏壘的人民呢！老師就順從他們吧！」庚桑子說：「年輕人，你們過來！口能含車的巨獸，獨自離開山林，就無法避免羅網的禍患；口能吞船的大魚，飄流而脫離海水，就連螞蟻也能欺負牠。所以，鳥獸不嫌山高，魚鱉不嫌水深。要保全形體與本性的人，隱藏自己也不嫌深遠罷了。並且，堯、舜二人又怎麼值得稱讚呢！他們對賢者、能人、善行、利益的分辨，就像胡亂搗毀城牆，卻種植蓬草來做屏障一樣！挑著頭髮來梳理，數著米粒來下鍋，這樣斤斤計較又怎麼能夠救助世人呢！推舉賢者，人民就會互相傾軋；任用智者，人民就會互相詐騙。這些做法，都不足以使人民淳厚。人民追求利益十分迫切，於是子會弒父，臣會弒君，白天搶劫，正午挖牆。我告訴你們，大亂的根源，一定出現於堯、舜之時，而流弊影響到千年之後。千年之後，一定會有人吃人的事發生！」

弟子勸庚桑楚學習泥鰍與狐狸，安於小成，接受百姓的好意，並以堯、舜為楷模。但庚桑楚畢竟是老聃的學生，自視為含車的巨獸與吞舟的大魚，一旦離開山林與海洋，就會進退失據，無處容身。凡是想要保全形體與本性的人，一定要懂得隱藏自己。這是《道德經》第 28 章「知其雄，守其雌……知其白，守其辱」的教訓，也是認知的「避難」層次。至於弟子視為楷模的堯與舜，在庚桑楚看來，則是「簡髮而櫛，數米而炊」的統治者，不但勞而無功，還有可怕的後遺症，如《道德經》第 3 章所謂的各種由認知的區分作用所造成的複雜欲望及混亂後果。本章引申此說，以為堯舜之治的流弊將影響到千年之後（原文「千世之後」是指往後的世世代代），而到了「人與人相食」的恐怖結果。事實上，莊子之後兩百多年到了漢代，《漢書》多次記載每逢天災人禍，遇到大飢荒時，都有「人吃人」的事件。發生這種事件，當然不是堯舜願意見到的。

莊子的意思是：堯舜開始重視教化、標榜仁義，百姓就可能陽奉陰違，為了利害考慮而虛偽相待，做出損人利己的事，最後演變為「人與人相食」的慘況啊！

由此可見，庚桑楚在教導弟子方面是失敗了。他自知能力有限，就特別介紹一位年長的弟子去南方向老聃請教。這是接著要發生的事。

153〈庚桑楚 23・3—23・4〉

保養生命的九個方法

〈庚桑楚〉第三、第四章。這兩章是完整的故事，描寫庚桑楚推薦南榮趎去向老聃學習。南榮趎的問題也是一般人深覺困擾的，老聃的回答自然精彩，其中有關養護生命的道理（衛生之經）也特別值得留意。

23・3

南榮趎（ㄔㄨˊ）蹴（ㄘㄨˋ）然正坐曰：「若趎之年者已長矣，將惡乎託業以及此言邪？」庚桑子曰：「全汝形，抱汝生，無使汝思慮營營。若此三年，則可以及此言矣。」南榮趎曰：「目之與形，吾不知其異也，而盲者不能自見；耳之與形，吾不知其異也，而聾者不能自聞；心之與形，吾不知其異也，而狂者不能自得。形之與形亦辟矣，而物或間之邪？欲相求而不能相得？今謂趎曰：『全汝形，抱汝生，無使汝思慮營營。』趎勉聞道達耳矣。」庚桑子曰：「辭盡矣，奔蜂不能化藿蠋（ㄉㄨˊ），越雞不能伏鵠（ㄏㄨˊ）卵，魯雞固能矣。雞之與雞，其德非不同也，有能與不能者，其才固有巨小也。今吾才小，不足以化子。子胡不南見老子？」南榮趎贏糧，七日七夜至老子之所。老子曰：「子自楚之所來乎？」南榮趎曰：「唯。」老子曰：「子何與人偕來之眾也？」南榮趎懼然顧其後。老子曰：「子不知吾所謂

乎？」南榮趎俯而慚，仰而歎曰：「今者吾忘吾答，因失吾問。」老子曰：「何謂也？」南榮趎曰：「不知乎？人謂我朱愚。知乎？反愁我軀。不仁則害人，仁則反愁我身；不義則傷彼，義則反愁我己。我安逃此而可？此三言者，趎之所患也。願因楚而問之。」老子曰：「向吾見若眉睫之間，吾因以得汝矣，今汝又言而信之。若規規然若喪父母，揭竿而求諸海也。汝亡人哉，惘惘乎！汝欲反汝情性而無由入，可憐哉！」

【譯文】

南榮趎聽了這番話，神色驚異，端坐著說：「像我的年紀已經很大了，要怎麼學習，才可以達到老師所說的境界呢？」庚桑子說：「保全你的形體，守住你的本性，不要讓你的思慮陷於困惑。像這樣三年下來，就可以達到我所說的境界了。」南榮趎說：「眼睛的形狀，我不知道彼此有什麼不同，可是瞎子卻看不見；耳朵的形狀，我不知道彼此有什麼不同，可是聾子卻聽不到；心的形狀，我不知道彼此有什麼不同，可是瘋子卻控制不住自己。身體的形狀彼此相近，大概是被外物阻塞了吧？我想要了解卻無法領悟。現在老師對我說：『保全你的形體，守住你的本性，不要讓你的思慮限於困惑。』我是太晚聽到這一番道理了。」庚桑子說：「我的話說完了。小土蜂不能培育大青蟲，小雞不能孵化天鵝蛋，大雞就可以了。雞與雞的天賦並沒有什麼不同，卻存在著能與不能的差異，這是因為牠們的才能本來就有大小之別。現在我的才能小，不足以教導你。你為何不去南方拜訪老子？」南榮趎擔著糧食，走了七天七夜，來到老子的住處。老子說：「你是從庚桑楚那裡來的嗎？」南榮趎說：「是的。」老子說：「你怎麼同這麼多人一起來呢？」南榮趎驚訝地回頭看後面。老子說：「你不知道我在說什麼嗎？」南榮趎慚愧地低下頭，接著仰起頭來嘆息說：「現在我忘記了我的回答，因而也忘記了我的問題。」老子說：「怎麼說呢？」南榮趎說：「沒有智巧嗎？人們說我愚蠢；有智巧嗎？反而使我自己愁苦。沒有仁心就會害人，有仁心反而使我自己愁苦；沒有義氣就會傷人，有義氣反而使我自己愁苦。我怎樣才能夠避免這些呢？這三個問題是我所擔心的，希望藉著庚桑楚的關係來請教您。」老子說：「剛才我看見你眉目之間的神色，就知道你的心事了，現在又從你的話得到證實。你無所適從的樣子，好像失去了父母的照顧，又像拿著竹竿去探測海的深度。你是迷失的人啊，茫無所知啊！你想要恢復本來的性情卻找不到途徑，真是可憐啊！」

庚桑楚的一番話對弟子們是當頭棒喝。南榮趎是年紀較大才入門的，希望早日抵達老師所描述的境界，但老師只有一句話：保全形體，守住本性，思想清明，並且強調三年才有成效。南榮趎這時提出一個問題：瞎子有眼睛，為何看不見？聾子有耳朵，為何聽不見？瘋子有心，為何會狂亂？像這種「器官及其作用」的互動關係問題，屬於醫學專業的研究範疇，一般人憑常識，只能像南榮趎說的，「大概是這些器官被外物阻塞了吧？」

庚桑楚有自知之明，立即承認沒有能力教導這個老學生，就推薦他去南方向自己的老師請教。

南榮趎求道之心真切，走了七天七夜去拜見老聃。

莊子筆下的老聃，這時像是唐宋才在中國盛行的禪宗師父，開口就問：「你怎麼同這麼多人一起來呢？」南榮趎明明是一個人，他趕緊回頭，沒有人啊！

老聃的意思是：你在人間周旋已久，擺脫不了人間的煩惱，到任何地方都好像帶著許多人同行，負擔實在不輕啊！

南榮趎於是提出三個問題。活在世間真不容易，大家都推崇「知、仁、義」。然後呢？我如果沒有智巧，別人說我愚蠢；如果沒有仁心，我就會害人；如果沒有義氣，我就會傷人。但是，如果我有這三樣東西，又會使我自己愁苦：智巧使我炫耀或輕視別人，仁心使我去救人但救不完，義氣使我去助人但助不完。真是左右為難。

這些問題是世人常常疑惑也難以擺脫的。做好人，太累；做壞人，不忍。怎麼辦呢？在老聃眼中，這正是迷失的人，好像需要照顧卻找不到父母的孩子。解藥只有一劑：要恢復本來的性情。如何恢復？答案就是下一段所謂的「衛生之經」。

23・4

南榮趎請入就舍，召其所好，去其所惡，十日自愁，復見老子。老子曰：「汝自洒濯，孰哉鬱鬱乎！然而其中津津乎猶有惡也。夫外韄（ㄏㄨㄟ）者不可繁而捉，將內揵（ㄑㄧㄢˊ）；內韄者不可繆（ㄇㄡˊ）而捉，將外揵。外內韄者，道德不能持，而況放道而行者乎！」南榮趎曰：「里人有病，里人問之，病者能言其病，病者猶未病也。若趎之聞大道，譬猶飲藥以加病也。趎願聞衛生之經而已矣。」老子曰：「衛生之經，能抱一乎？能勿失乎？能無卜筮而知吉凶乎？能止乎？能已乎？能舍

諸人而求諸己乎？能翛（ㄒㄧㄠ）然乎？能侗（ㄊㄨㄥˊ）然乎？能兒子乎？兒子終日嗥（ㄏㄠˊ）而嗌（ㄧˋ）不嗄（ㄕㄚˋ），和之至也；終日握而手不掜（ㄋㄧˋ），共其德也；終日視而目不瞚（ㄕㄨㄣˋ），偏不在外也。行不知所之，居不知所為，與物委蛇，而同其波。是衛生之經已。」南榮趎曰：「然則是至人之德已乎？」曰：「非也。是乃所謂冰解凍釋者能乎。夫至人者，相與交食乎地而交樂乎天，不以人物利害相攖，不相與為怪，不相與為謀，不相與為事，翛然而往，侗然而來。是謂衛生之經已。」曰：「然則是至乎？」曰：「未也。吾固告汝曰：『能兒子乎！』兒子動不知所為，行不知所之，身若槁木之枝而心若死灰。若是者，禍亦不至，福亦不來。禍福無有，惡有人災也！」

【譯文】

南榮趎請求留在館舍受業，修練自己認為好的，革除自己認為壞的。十天下來平息了愁苦，再去請見老子。老子說：「你雖然洗心革面，努力修養有如蒸氣上騰啊！但是其中的動盪狀態顯示還有一些缺點。如果是耳目受到束縛，就沒有辦法在繁雜中把握自己，而應該關閉心思；如果是心思受到束縛，就沒有辦法在糾纏中控制自己，而應該關閉耳目。如果外在耳目與內在心思都受到束縛，那麼即使有了道與德都治不好，何況是剛剛學道的人呢！」南榮趎說：「鄉里中的人生病，鄉里中的別人去探病時，病人能夠說出他的病情，那麼這個病人還不算是重病。像我這樣的人聽聞大道，卻好像吃了藥反而加重病情，我只想聽聽養護生命的道理就夠了。」老子說：「養護生命的道理，試問：能保住完整的生命嗎？能不失去本性嗎？能不靠占卜就知道吉凶嗎？能安分嗎？能知足嗎？能不學別人而反身自求嗎？能無拘無束嗎？能無知無識嗎？能像嬰兒嗎？嬰兒整天啼哭而喉嚨不會沙啞，這是因為氣息淳和到極點；整天握拳而雙掌不會彎曲，這是因為配合他的本性；整天睜眼而雙目不轉動，這是因為心思不受外物干擾。走路時不知要去哪裡，安居時不知要做什麼，順應萬物，隨波逐流。這就是養護生命的道理了。」南榮趎說：「那麼，這就是至人的行為表現了嗎？」老子說：「不是的。這只能讓冰凍融化而已。談到至人，他與大家一起在世間飲食，在自然中同樂，不因人物及利害而擾亂內心，不參與標新立異，不參與圖謀策劃，不參與具體事務。無拘無束地去，無知無識地來，這就叫做養護生命的道理了。」南榮趎說：「那麼，這是最高境界了嗎？」老子說：「還不算。我已經告訴過你：『能像嬰兒嗎？』嬰兒行動時不知要做什麼，走路時不知要去哪裡，身體像槁木枯枝，心思像已滅的灰燼。像這樣，禍也不會到，福也不會來。禍與福都沒有，怎麼還會有人為的災害呢！」

本章談到修行過程，大致可以分四個階段。一，人有自知之明，對於自己的優點與缺點是有所了解的；只是一向因循苟且、習以為常，現在要認真面對，優點要繼續增長，缺點則立即革除。二，耳目受困，被外物迷惑，就要收斂心思；心思受困，想不通道理，就要關閉耳目；如果耳目與心思都受困，就沒有人幫得上忙了。三，衛生之經：這是基本的養生原理，共有九條，可以分為三組。

（1）不要向外求助：能保住完整的生命嗎？能不失去本性嗎？能不靠占卜就知道吉凶嗎？（2）向內安定自己：能安分嗎？能知足嗎？能不學別人而反身自求嗎？（3）順應一切狀況：能無拘無束嗎？能無知無識嗎？能像嬰兒嗎？最後談到嬰兒，可以對照老子《道德經》第 28 章所謂的「復歸於嬰兒」。另外，老子《道德經》第 10 章談到修行六要，也提及抱一、無為、無知、嬰兒等，可以對照。這兩方面還有相同的一點，就是全都使用問句，要人自己去思考去體驗。

四，至人的表現：簡單說來，就是「外化而內不化」，不因人物及利害而擾亂內心。這也正是養護生命的具體成就。

南榮趎聽完衛生之經與至人修養之後，再問：這是最高境界了嗎？老聃這時重複前面所說的嬰兒狀態，似乎是在提醒南榮趎：所謂最高境界，是要一步步修行才有的體驗，光靠語言文字只是紙上談兵。其中有兩句話是莊子喜歡用的：一是「與物委蛇，而同其波」，「委蛇」為順應，已經多次出現；「而同其波」，可對照〈刻意 15 · 2〉描寫聖人時，「靜而與陰同德，動而與陽同波」。二是「身若槁木之枝而心若死灰」，正是〈齊物論 2 · 1〉的「形如槁木，心如死灰」。這兩句都是莊子談修行的重要觀念。

154〈庚桑楚 23・5—23・6〉

無所逃於天地之間，其實是心在作怪

〈庚桑楚〉第五、第六章。這兩章的內容非常豐富，光是把內容整個念一遍就會花去很多時間。其中有幾個核心概念還是要解釋一下。譬如在第五章提到的：天光是自然的光輝；天民是自然之民；天子是自然之子；天鈞是自然的限制。莊子大量使用這些以「天」來組合的詞。

第六章提到人的修練，重新界定什麼是宇與宙，也提到一個詞「天門」，裡面再度說到古人最高的智慧是了解「未始有物」，但是有不同的提法。先看第五章。

23・5

宇泰定者，發乎天光。發乎天光者，人見其人，物見其物。人有修者，乃今有恆；有恆者，人舍之，天助之。人之所舍，謂之天民；天之所助，謂之天子。學者，學其所不能學也；行者，行其所不能行也；辯者，辯其所不能辯也。知止乎其所不能知，至矣；若有不即是者，天鈞敗之。備物以將形，藏不虞以生心，敬中以達彼。若是而萬惡至者，皆天也，而非人也，不足以滑（ㄍㄨˇ）成，不可內於靈臺。靈臺者有持，而不知其所持，而不可持者也。不見其誠己而發，每發而不當，業入而不舍，每更為失。為不善乎顯明之中者，人得而誅之；為不善乎幽閒之中者，鬼得而誅之。明乎人、明乎鬼者，

然後能獨行。券（ㄑㄩㄢˋ）內者，行乎無名；券外者，志乎期費。行乎無名者，唯庸有光；志乎期費者，唯賈（ㄍㄨˇ）人也，人見其跂（ㄑㄧˋ），猶之魁然。與物窮者，物入焉；與物且者，其身之不能容，焉能容人！不能容人者無親，無親者盡人。兵莫憯（ㄘㄢˇ）於志，鏌鋣（ㄧㄝˊ）為下，寇莫大於陰陽，無所逃於天地之間。非陰陽賊之，心則使之也。

【譯文】

內心完全安定的人，會發出自然的光輝。發出自然光輝的人，會使人顯示人的本質，使物顯示物的本質。人能修養自己，才會恆久安定；恆久安定的人，人們會依附他，自然會幫助他。人們所依附的，稱為自然之民；自然所幫助的，稱為自然之子。學習的人，是在學習他學不會的東西；實踐的人，是在實踐他做不到的事情；辯論的人，是在辯論他講不通的道理。知道停止於自己所不能知道的領域，就是最高境界了。如果有人不這麼做，自然的限制會讓他失敗。擁有物質是為了養護形體，隱藏於無念慮之中是為了保全心思，端正內在是為了通達外在；如果做到這些，仍然遭遇各種災難，那是自然的安排，而不是人為所致，因此不足以擾亂和諧的修養，也不能侵入內在的靈台。做為靈台的心，是有所持守的，但是它並不知道它所持守的其實是不能持守的。如果不是出自真誠而發為言行，就算發出也不會合宜；如果已經不發為言行而不能止息，一定會有更大的偏差。在光天化日之下做不對的事，人可以處罰他；在陰暗隱蔽之處做不對的事，鬼可以處罰他。對人光明磊落，對鬼也光明磊落，然後才能獨行而不懼。契合內在要求的人，行動不會顯露名聲；配合外在要求的人，志向在於努力發財。行動不會顯露名聲的人，他的作為自有光輝；志向在於努力發財的人，只是個商人罷了，別人看他情況危急，他還以為很平安呢。與萬物相通的人，萬物都來依附他；與萬物相隔的人，對自己都不能包容，怎麼可能包容別人！不能包容別人的人無法與人親近，無法與人親近的人就自絕於人了。最厲害的兵器是人的用心，連莫邪寶劍也比不上；最大的敵人是陰陽之氣，讓你在天地之間無處遁逃。傷害人的不是陰陽之氣，而是人的心意造成的啊。

本章談論修養，關鍵在於修心。心有一個空間，可稱為「宇」；心如果完全安定，會發出「天光」（自然的光輝），然後人們來依附（天民），自然來幫助（天子），然後他的「認知能力」在該停下時就停止。若不如此，則自然的限制（天鈞）會挫敗他。以上開頭的一段話，用了四個以「天」組合的詞（天光、天民、天子、天鈞），可見莊子對自然狀態的肯定。其中「知止乎其所不能知，至矣」與〈齊物論 2．10〉的「故知止其所不知，至矣」可以對照。他藉此提醒「學者、行者、辯者」都要適可而止。因為一切作為都是為了修心。希望能因而做到「養護形體、保全心思、通達外在」。

達到這種水平，則心的「宇」轉化為「靈台」（在〈德充符 5．6〉稱為靈府）。我們習慣並稱「心靈」，其實靈是心在修行之後才展現的狀態。

靈台是心之純粹狀態，有如負責抉擇的意志。有抉擇就有是否真誠以及是否正確的問題。

若不正確，又會如何？在此莊子談到人的處罰與鬼的處罰。關於後者，不易說清楚，或許是指某種神祕力量。莊子書中談到鬼或鬼神，超過 20 次。在修養達到某種境界時，「鬼神將來舍」（〈人間世 4・6〉），「鬼神守其幽」（〈天運 14・4〉），「鬼神不擾」（〈繕性 16・2〉）等。他也常以「鬼責」（〈天道 13・2〉，〈刻意 15・2〉）來提醒人不要犯錯，本章所謂「鬼得而誅之」意近於此。

簡單說來，活在世間，人們依一個人的外在作為來判斷善惡，但是每個人還有內心是否真誠以及是否有「為惡不被人知」的作為，這時要靠鬼來判斷。但是，鬼的判斷是怎麼回事？莊子沒有說清楚這一點，而是把話題轉向「與萬物是否相通，與人是否包容」這兩點上。意思是：一個人的外在作為是一回事，但內心動機則須自己覺察，並且無法自欺。因此，他會說：最厲害的兵器是人的用心。人如果心術不正，將「無所逃於天地之間」（同樣的話在〈人間世 4・8〉出現過）。修心之重要於此可見。

23・6

道通，其分也成也，其成也毀也。所惡乎分者，其分也以備；所以惡乎備者，其有以備。故出而不反，見其鬼；出而得，是謂得死。滅而有實，鬼之一也。以有形者象無形者而定矣。出無本，入無竅。有所出而無竅者有實，有實而無乎處，有長而無乎本剽（ㄆㄧㄠˋ）。有實而無乎處者，宇也。有長而無本剽者，宙也。有乎生，有乎死，有乎出，有乎入。入出而無見其形，是謂

天門。天門者，無有也。萬物出乎無有。有不能以有為有，必出乎無有，而無有一無有，聖人藏乎是。古之人，其知有所至矣。惡乎至？有以為未始有物者，至矣，盡矣，弗可以加矣。其次以為有物矣，將以生為喪也，以死為反也，是以分已。其次曰始無有，既而有生，生俄而死。以無有為首，以生為體，以死為尻（ㄎㄠ）；孰知有無死生之一守者，吾與之為友。是三者雖異，公族也，昭、景也，著（ㄓㄨˋ）戴也，申氏也，著封也，非一也？

【譯文】

道遍在萬物，萬物卻是有區分才會形成，一旦形成就走向毀滅。之所以討厭區分，是因為區分之物已經完整了；之所以討厭完整，是因為完整之物還在追求完整。所以，向外尋找而不能回歸自身的人，就會離死期不遠，看到自己的鬼魂；向外尋找而有所收穫，就叫做步入死地。本性泯滅而徒具形體，與鬼魂是同一類的。以有形的生命效法無形的存在，就可以得到安定了。出來時沒有根源，消逝時沒有歸宿。有出來而沒有歸宿的，有實際存在；有實際存在而沒有處所，有延長存在而沒有本末。有實際存在而沒有處所的，就是宇；有延長存在而沒有本末的，就是宙。有生，有死，有出來，有消逝；消逝與出來都看不到行跡的，叫做自然之門。自然之門就是無有，萬物是從無有出來的。有不能靠有來生出有，一定要出於無有，而無有常是無有。聖人以此為藏身之所。古代的人，智力抵達某種境界。什麼境界呢？他們認為不曾有物存在，這是最高明的見解，已經完美了，沒有可能再超越了。其次，是認為有物存在，不過卻把出生當成喪失，把死亡當成回歸，這已經有所分別了。再次，是認為起初是無有的，後來有了出生，出生不久就死亡；把無有當成頭，把出生當成身體，把死亡當成尾椎。誰能了解有、無、死亡、出生本來是一體的，我就與他做朋友。無有、出生、死亡這三種情況雖然不同，卻出自同一根源。譬如楚國公族中，昭氏、景氏代表祖先傳下的姓氏，而申氏則代表封邑所加的姓氏，他們不都是同一個楚國的公族嗎？

本章開頭的一句與〈齊物論 2・7〉所謂的「道通為一。其分也，成也；其成也，毀也」，只差「為一」二字，思想是一致的，指「道遍在萬物，相通為一體」，因此沒有成毀的問題。人如果明白這個道理，就會收斂而安頓自己，不會向外尋找而忘了內在，甚至成為本性泯滅而徒具形體，與鬼魂同類了。人要活在宇宙中。本章對於宇宙的解說十分特別。宇原指上下四方，在此則指「有實際存在而沒有處所」，不必在意空間；宙原指往古來今，在此則指「有延長存在而沒有本末」，不必在意時間。人常常被時空所局限，現在可以化解這種憂慮了。人只要當下在此（此時此地）活著，就有覺悟之可能，就可以進入天門（自然之門）。「天門者，無有也，萬物出乎無有」這句話是關鍵。聖人以此為藏身之所，不但如此，「無有」一詞也是我們理解〈天下 33・7〉介紹關尹、老聃這兩位「古之博大真人」時，所謂「建之以常無有」一語的關鍵詞。莊子進而重複古之人的最高智慧是「有以為未始有物者，至矣，盡矣，弗可以加矣。」這句話與〈齊物論 2・8〉所說的一樣。在〈徐無鬼 24・14〉也提及「未始有物」一語，可見這是莊子再三強調的觀念。

然後又出現了「吾與之為友」的考慮：以無有為頭，以出生為身體，以死亡為尾椎，以「有、無、死、生」為一體；能了解這一點的才可交為朋友，也才可相視而笑、莫逆於心。對照〈大宗師 6．7〉。

這裡比較有趣的是以楚國三個公族為比喻，說此三者（無有、生、死）來源不同而結果一樣，都在道裡面。

155〈庚桑楚 23・7—23・9〉
首先談到「五常」的，居然是莊子

〈庚桑楚〉第七、第八、第九章。這三章內容各有重點。第七章談到世人常在改變是非觀念，雖有實用性，卻無普遍性。第八章談到五種表現，居然與儒家後來所說的「五常」相應，進而探討如何打破修行的阻礙。第九章談到全人、聖人、天人，簡單區分三者，可供參考。

23・7

有生，黬（ㄒㄧㄢˊ）也，披然曰移是。嘗言移是，非所言也。雖然，不可知者也。臘者之有膍（ㄆㄧˋ）胲（ㄍㄞ），可散而不可散也；觀室者周於寢廟，又適其偃（ㄧㄢˇ）焉，為是舉移是。請嘗言移是。是以生為本，以知為師，因以乘是非；果有名實，因以己為質；使人以為己節，因以死償節。若然者，以用為知，以不用為愚，以徹為名，以窮為辱。移是，今之人也，是蜩與學鳩同於同也。

【譯文】

有生命的人，都有缺點；就是在紛紛擾擾中改變是非。嘗試解說什麼是改變是非，又沒有辦法說清楚；即使說清楚了，也沒有辦法理解。譬如，祭祀的牲品中有牛的四肢五臟，在祭祀後可以分散，而在祭祀時不可分散；又如，參觀宮室的人，繞行寢殿廟堂之後，還要使用廁所，這些都是改變是非的例子。現在再來嘗試解說改變是非。這是以生存為根本，以智力為老師，由此造成許多是非；果真有名與實的區分，就以自己為主；使人以為自己的是非判斷就是節操，因而以死來保全節操。像這樣的人，就會以用世為聰明，以不用世為愚蠢，以通達為榮耀，以窮困為恥辱。改變是非，現在的人正是如此，這就像蟬與斑鳩共同認可的那種知識啊。

本章所言較為淺顯。人對一物的觀點會因為需求不同而改變，明白這個道理，就可以化解比較與計較。人最怕「以生為本，以知為師」，形成相對的是非觀念，再自以為是、執著於某些價值觀。這時要記得〈秋水 17・5〉所說的「以道觀之，物無貴賤」，不然只能像〈逍遙遊 1・4〉中嘲笑大鵬鳥的蜩與學鳩了。

23・8-1

蹍（ㄓㄢˇ）市人之足，則辭以放驁（ㄠˊ），兄則以嫗（ㄩˋ），大親則已矣。故曰，至禮有不人，至義不物，至知不謀，至仁無親，至信辟金。

【譯文】

踩了路人的腳，就要道歉說自己失禮；若是踩了兄弟的腳，就要憐惜撫慰；若是踩了父母的腳，就可以算了。所以說，至禮沒有人我之分，至義沒有物我之分，至智不用謀略，至仁不分親疏，至信不需金玉為憑。

一般說到「五常」，是指漢代以來儒家所強調的「仁義禮智信」。這五項內容源自《孟子‧公孫丑上》與《孟子‧告子上》所提到的、源自心之四端的「四善」（仁、義、禮、智）。四善加上「信」，成為漢代的「五常」。《漢書‧董仲舒傳》說：「仁誼〔義〕禮知信，五常之道，王者所當修飾也。」事實上，在古代，「五常」一詞有不同說法。如莊子〈天運 14‧1〉說「天有六極五常」，五常是五種自然界的質料，木火土金水。有趣的是，本章談到「至禮、至義、至知、至仁、至信」，排列順序雖有不同，並且並未使用「五常」之名，但其用詞與儒家的五常竟完全相同。用詞相同，但前面加上「至」字，意思就超越到無分別之境了。然後與儒家的道德要求也截然有別了。這也可以對照我們所謂的「道家不以人為中心」的價值觀。

本章開頭以「跺到腳」為喻，十分生動；推而言之，如果悟道，則萬物在道中形成一個整體，那麼還有什麼親疏、好壞、善惡之分？當然，這樣的境界必須經由適當的修行，而後續所謂的「四六」，意在於此。

23‧8-2

徹志之勃，解心之謬（ㄋㄧㄡˋ），去德之累，達道之塞。貴富顯嚴名利六者，勃志也。容動色理氣意六者，謬心也。惡欲喜怒哀樂六者，累德也。去就取與知能六者，塞道也。此四六者不盪胸中則正，正則靜，靜則明，明則虛，虛則無為而無不為也。

【譯文】

疏導志向的迷惑，解開心思的束縛，拋棄稟賦的拖累，打通大道的阻塞。尊貴、富有、顯赫、威嚴、名聲、利祿這六項，是迷惑志向的東西。容貌、舉止、面色、情理、血氣、意念這六項，是束縛心思的東西。厭惡、愛好、喜悅、憤怒、悲哀、歡樂這六項，是拖累稟賦的東西。去職、就任、取得、給與、智巧、才幹這六項，是阻塞大道的東西。這四種各六項不在胸中激盪，就會心正，心正就會安靜，安靜就會澄明，澄明就會虛空，虛空就無所作為同時沒有什麼事情做不成的。

所謂「四六」，是指在四方面（志向、心思、稟賦、大道），各有六個造成困擾的東西，需要我們認真去修行化解之。前三方面（迷惑志向、束縛心思、拖累稟賦）所列舉的相當清楚，但是第四方面（阻塞大道）所列舉的「去職、就任、取得、給予、智巧、才幹」，就比較費解，除非這裡所說的「大道」是指人生選擇的路，而與那根本的「道」無關。而情況也應該是如此。能做到去除四六，則可以「心正、安靜、澄明、虛空」然後「虛則無為而無不為也」。

由此可以得知兩點：一，本章所謂「去除四六」，其實是莊子常說的「心如死灰」的修行方法，值得留意。二，「正、靜、明、虛」四字可以對照老子《道德經》第 16 章的「致虛極，守靜篤」；而「無為而無不為也」在《道德經》第 37、第 48 章兩見。

23．8-3

道者，德之欽也；生者，德之光也；性者，生之質也。性之動，謂之為；為之偽，謂之失。知者，接也；知者，謨也；知者之所不知，猶睨（ㄋㄧˋ）也。動以不得已之謂德，動無非我之謂治，名相反而實相順也。

【譯文】

大道，是稟賦興起的基礎；生命，是稟賦顯示的光輝；本性，是生命的實質所在。本性的活動，稱為作為；作為的虛偽，稱為過失。智力，要接觸外物；智力，要用心謀劃；智者也有不知道的事，就像眼睛斜視，所見有限。行動出於不得已，叫做稟賦；行動不背離自我，叫做治理；這兩者名義相反而實際是相順的。

在這一小段總結中，首先要釐清的是：前一段「四六」中的「達道之塞」所說的「道」，與本節所說的「道」是兩回事。本節的「道」又回到那根本的道（做為萬物的來源與歸宿）。在緊鄰的前後兩段中，「道」字的用法不同，確實會造成困擾。重要的是：人的稟賦（德），以道為基礎，由生命來顯示，而生命的實質是本性。我們常以性（本性）與德（稟賦）並稱，其故在此。接著談到「知」，這也符合「以認知能力為人的性或德」的觀點。有知，就有可能造成問題（如以知為區分）。然後，由知而來的行動有二：一是出於不得已，二是不背離自我。前者稱為德（稟賦），後者稱為治（治理）。德與治「名相反而實相順」。這也是我們多次強調的，對於德（本性或稟賦），保存即是修行，修行即是回歸於道。這一番說法正是莊子思想的重點之一。

23・9

羿工乎中微，而拙乎使人無己譽。聖人工乎天而拙乎人。夫工乎天而俍（ㄌㄧㄤˊ）乎人者，唯全人能之。唯蟲能蟲，唯蟲能天。全人惡天，惡人之天；而況吾天乎人乎！一雀適羿，羿必得之，或也；以天下為之籠，則雀無所逃。是故湯以庖人籠伊尹，秦穆公以五羊之皮籠百里奚。是故非以其所好籠之而可得者，無有也。介者拸（ㄔˇ）畫，外非譽也；胥靡登高而不懼，遺死生也。夫復謵（ㄒㄧˊ）不餽，而忘人。忘人，因以為天人矣。故敬之而不喜，侮之而不怒者，唯同乎天和者為然。出怒不怒，則怒出於不怒矣；出為無為，則為出於無為矣。欲靜則平氣，欲神則順心，有為也欲當，則緣於不得已，不得已之類，聖人之道。

【譯文】

羿善於射中微小的對象，而拙於使別人不稱讚自己。聖人善於契合自然，而拙於配合人為。善於契合自然又長於配合人為的，只有全人才辦得到。只有動物能夠安於動物，只有動物能夠配合自然。全人沒有自然之見，沒有人為與自然之分；怎麼會像我一樣想著自然啊，人為啊！一隻麻雀飛過羿的面前，說羿一定會射中牠，那還有些變數；如果把天下當作鳥籠，麻雀就無處可逃了。所以商湯用廚師來籠絡伊尹，秦穆公用五張羊皮來籠絡百里奚。所以，不利用一個人的所好來籠絡他而可以成功的，那是沒有的事。斷足者行事不守法度，因為不在乎毀譽了；受刑者登高也不害怕，因為超越了死生。別人再三恐嚇，我也不回應，根本忘記別人的存在。忘記別人，就可以成為自然之人了。所以，能做到受尊敬而不欣喜，受侮辱而不生氣的，只有那與自然的韻律完全配合的人了。發出怒氣而不是有心發怒，那麼怒氣是出於不怒了；有所作為而不是有心去做，那麼作為是出於無為了。要安靜，就要平定氣息；要體悟神妙境界，就要順應內心；有所作為若要恰到好處，就須順著不得已而行。出於不得已的做法，就是聖人之道。

本章內容有些曲折。先說具體的古人：羿是神射手，但推不開別人的稱讚；伊尹與百里奚是政治家，但無法免於君王的禮遇；斷足者與受刑者無所求也無所待，因而可以忘記別人的存在，然後可以成為「天人」（自然之人）。這個天人與〈天下33・1〉所謂「不離於宗，謂之天人」，似乎名同而實際上有些差異。至於本章開頭所說的「聖人」（工乎天而拙乎人），很清楚是比不上「全人」（天人皆合）的。但結束時所謂的「聖人之道」又似乎達到天和的水平，可以做到「不得已」。

本章的關鍵語是「出怒不怒」與「出為無為」。這兩者的秘訣是「忘人而無心」，或者「外化而內不化」。尤其是「出為無為」一語，意指：有所作為而不是有心去做，那麼作為是出於無為了。這正是我們一貫以「無心而為」解說老子「無為」的觀點。至於「不得已」一詞，則自從〈人間世 4・5〉「一宅而寓於不得已」（一顆心就寄託在不得已上），已經屢次見到。現在清楚論斷「不得已之類，聖人之道」。「不得已」可以對照〈應帝王 7・6〉的「虛而委蛇」，以及〈山木 20・3〉的「虛己以遊世」。

〈徐無鬼〉 第二十四

要旨

古代政治由上而下，只要說服統治者，天下就太平無事。但這正是艱難的挑戰。今日情況不同，人人皆可自修自省，亦可以逍遙無待，但調節自己的觀念並非易事。首先要去除外在包裝，以真心與人相待，不必炫耀，不可偏執，不慕榮利。然後修養身心，體驗「未始有物」而成為真人。

156〈徐無鬼 24・1—24・3〉

環顧四周，沒見到真實的人

我們進展到〈徐無鬼〉，這是《莊子》全書最長的兩篇之一，前有〈齊物論〉，後有〈徐無鬼〉。

〈徐無鬼〉第一、第二、第三章，談的都是徐無鬼見魏武侯的相關內容。徐無鬼以隱士身分開導武侯，使武侯若有所悟。他如何使武侯願意傾聽？他如何表達超凡的智慧？

24・1

徐無鬼因女商見魏武侯，武侯勞（ㄌㄠˋ）之曰：「先生病矣，苦於山林之勞，故乃肯見於寡人。」徐無鬼曰：「我則勞於君，君有何勞於我？君將盈耆（ㄕˋ）欲，長好惡，則性命之情病矣；君將黜耆欲，掔（ㄑㄧㄢ）好惡，則耳目病矣。我將勞君，君有何勞於我？」武侯超然不對。少焉，徐無鬼曰：「嘗語君，吾相狗也。下之質執飽而止，是狸德也；中之質若視日；上之質若亡其一。吾相狗，又不若吾相馬也。吾相馬，直者中繩，曲者中鉤，方者中矩，圓者中規，是國馬也，而未若天下馬也。天下馬有成材，若卹若失，若喪其一。若是者，超軼（ㄧˋ）絕塵，不知其所。」武侯大說（ㄩㄝˋ）而笑。

【譯文】

徐無鬼由於女商的安排，前往拜見魏武侯，武侯慰問他說：「先生疲憊了，山林生活一定很勞苦，才肯見寡人。」徐無鬼說：「我是來慰問君侯的，君侯有什麼可以慰問我的呢？君侯若是想滿足嗜欲，放縱好惡之情，那麼性命的真實就會受損；君侯若是想斷絕嗜欲，去除好惡之情，那麼耳目的享受就會受損。我正要來慰問君侯，君侯有什麼可以慰問我的呢？」武侯悵然若失，沒有回答。過了一會兒，徐無鬼說：「我來告訴你，我的相狗術。下等資質的狗只求吃飽就好，表現像貓一樣的天賦；中等資質的狗好像看著太陽，神情專注；上等資質的狗好像忘了自己的存在。我的相狗術，又不如我的相馬術。我相馬所看的，直的要合乎繩墨，曲的要合乎彎鉤，方的要合乎矩尺，圓的要合乎圓規，這樣就是國馬了，但是還比不上天下馬。天下馬有天生的材質，在靜止或走動時，都像忘了自己的存在。這樣的馬，跑起來超逸絕塵，不知止於何處。」武侯聽了非常高興，笑了起來。

古代一般人不容易面見王侯，因此徐無鬼要由女商引進，拜見魏侯。武侯習慣了別人有求於他，就想這位隱士大概想要什麼好處。沒想到，徐無鬼是來慰問他的。武侯的問題是：在放縱欲望與保存真我之間左右為難，無所適從。在此，莊子肯定人有「性命之情」（從〈駢拇 8．2〉開始強調不失去性與命之真實狀態，也即是保存真我），並且認為放縱耳目等外在的欲望，會傷害人的性命之情。人若重外，就會輕內；輕內將使人徬徨迷失。

徐無鬼見武侯的反應，知道他還有回頭的希望，於是先喚醒他的平常而正常的心態，暫時拋開王侯的尊榮與威嚴。他暢談相狗與相馬，這些是古人遊戲比賽的項目，有如今日各類球賽，誰不想知道明星球員的神奇表現？徐無鬼說得頭頭是道，武侯聽了開懷大笑，有如一般朋友的輕鬆聊天。

24・2

徐無鬼出，女商曰：「先生獨何以說（ㄕㄨㄟˋ）吾君乎？吾所以說吾君者，橫說之則以《詩》、《書》、《禮》、《樂》，從（ㄗㄨㄥˋ）說之則以《金版》、《六弢（ㄊㄠ）》，奉事而大有功者不可為數，而吾君未嘗啟齒。今先生何以說吾君，使吾君說（ㄩㄝˋ）若此乎？」徐無鬼曰：「吾直告之吾相狗馬耳。」女商曰：「若是乎？」曰：「子不聞夫越之流人乎？去國數日，見其所知而喜；去國旬月，見所嘗見於國中者喜；及期（ㄐㄧ）年也，見似人者而喜矣。不亦去人滋久，思人滋深乎？夫逃虛空者，藜藋柱乎鼪鼬之逕，踉（ㄌㄧㄤˊ）位其空，聞人足音跫（ㄑㄩㄥˊ）然而喜矣，有況乎昆弟親戚之謦（ㄑㄧㄥˋ）欬（ㄎㄞˋ）其側者乎！久矣夫莫以真人之言謦欬吾君之側乎！」

【譯文】

徐無鬼出來後，女商說：「先生究竟對君侯說了些什麼？我一向告訴君侯的，從遠處說，是談《詩》、《書》、《禮》、《樂》，從近處說，是談《金版》、《六弢》，見於行事而大有效驗的不計其數，而君侯從來沒有開口笑過。現在先生對君侯說了些什麼，讓君侯這麼高興呢？」徐無鬼說：「我只是告訴他，我怎麼相狗與相馬而已。」女商說：「就是這樣嗎？」徐無鬼說：「你沒有聽過越國有被流放的人嗎？離開國家幾天後，看見認識的人就很高興；離開國家一個月後，看到曾在國內見過的東西就很高興；等到離開國家一年以後，看到像是同鄉的人就很高興。這不是離開故人越久，思念故人越深嗎？至於逃難到空曠荒地的人，野草把黃鼠狼出沒的路徑都堵塞了，長久居住在曠野中，聽到人走路的腳步聲就高興起來，更何況是有兄弟親戚在身邊談笑呢！很久沒有人用真實的言語在君侯身邊談笑了啊！」

女商在殿外聽到魏侯的笑聲，不免十分驚訝。他問徐無鬼怎麼回事，原來方法只是「把君侯當成一般人」。自古至今，在成人世界都是以名片、身分、地位、財富來互相交往，很少有顯露真實自我的機會。忽略真實自我，戴著面具過日子，又怎麼會開心？徐無鬼把武侯比喻為「越之流人」，可謂反諷之至。事實上，世間的人都是在某種程度上被流放在外地的人。莊子比喻人生，在前有〈齊物論 2・14〉的「弱喪而不知歸者」，在此有「越之流人」，皆發人深省。本文重點亦在強調人與人應該真心相待，否則即使處在人間也無異於置身荒野。

24・3

徐無鬼見武侯，武侯曰：「先生居山林，食芧(ㄒㄩˋ)栗，厭葱韭，以賓寡人，久矣夫！今老邪？其欲干酒肉之味邪？其寡人亦有社稷之福邪？」徐無鬼曰：「無鬼生於貧賤，未嘗敢飲食君之酒肉，將來勞君也。」君

曰：「何哉！奚勞寡人？」曰：「勞君之神與形。」武侯曰：「何謂邪？」徐無鬼曰：「天地之養也一，登高不可以為長，居下不可以為短。君獨為萬乘之主，以苦一國之民，以養耳目鼻口，夫神者不自許也。夫神者，好和而惡姦；夫姦，病也，故勞之。唯君所病之，何也？」武侯曰：「欲見先生久矣。吾欲愛民而為義偃兵，其可乎？」徐無鬼曰：「不可。愛民，害民之始也；為義偃兵，造兵之本也。君自此為之，則殆不成。凡成美，惡器也；君雖為仁義，幾且偽哉！形固造形，成固有伐，變固外戰。君亦必無盛鶴列於麗譙（ㄑㄧㄠˊ）之間。無徒驥於錙壇之宮，無藏逆於得，無以巧勝人，無以謀勝人，無以戰勝人。夫殺人之士民，兼人之土地，以養吾私與吾神者，其戰不知孰善？勝之惡乎在？君若勿已矣，修胸中之誠，以應天地之情而勿攖。夫民死已脫矣，君將惡乎用夫偃兵哉！」

【譯文】

徐無鬼拜見魏武侯，武侯說：「先生住在山林裡，吃橡樹子，飽食蔥菜韭菜，拋棄寡人已經很久了！現在老了嗎？想嚐嚐酒肉的味道嗎？還是寡人能得到你的幫助造福國家呢？」徐無鬼說：「我生長於貧賤之中，從來不敢享用君侯的酒肉，我是來慰問君侯的。」武侯說：「你說什麼？要如何慰問寡人呢？」徐無鬼說：「要慰問君侯的心神與身體。」武侯說：「這話是什麼意思呢？」徐無鬼說：「天地養育萬物是均等的，登上高位的不可認為自己尊貴，屈居下位的不可認為自己卑賤，君侯一人做為萬乘之主，勞苦一國人民，來滿足耳目口鼻的欲望，但是心神卻不允許自己這麼做。人的心神，喜歡和諧而厭惡偏私；偏私，就是有病，所以我前來慰問。只是君侯所生的病，該怎麼辦呢？」武侯說：「希望見到先生已經很久了。我想要愛護人民，為了道義而停止戰爭，這樣可以嗎？」徐無鬼說：「不可以。愛護人民，是殘害人民的開始；為了道義而停止戰爭，是起兵作戰的根源。君侯從這裡著手，一定不會成功。凡是大家公認的美好事物，都是作惡的工具。君侯雖然行仁義，恐怕也是虛偽的啊！有形象，一定會有偽造的形象；有成功，一定會有失敗的時候；有改變，一定帶來外在的爭鬥。君侯千萬不要在高樓之間陳列兵陣，不要在錙壇宮前集合兵騎，不要背理去貪求，不要用巧詐去勝過別人，不要用謀略去勝過別人，不要用戰爭去勝過別人。像殺害別國的百姓，兼併別國的土地，來滿足自己的私欲與心意，這種戰爭不知有什麼好處？勝利的人又在哪裡？君侯不如停下這一切，修養內心的真誠，來順應天地的實際情況，不要去擾亂它。那麼，人民就可以擺脫死亡的威脅，君侯又何必談什麼停止戰爭呢！」

本章再度描寫徐無鬼與武侯見面談話，情況略有不同。相同的是他知道武侯的「神與形」失去平衡。「夫神者，好和而惡姦」，人的心神，喜歡和諧而厭惡偏私。這句話代表莊子的信念，因為它配合「天地養育萬物是均等的」。人間的災難與不幸是人類「以認知為區分」所造成的惡果。武侯與別的君主一樣，勞苦一國百姓，以滿足自己耳目口鼻的欲望。雖然可以為所欲為，但違背內在真實本性，所以就是有病。武侯心事被一眼看穿，立即轉移話題，表示自己要「愛民」，要為了道義而停止用兵。

不打仗，是百姓的福祉。但徐無鬼這一次深入到「有心而為」與「無心而為」的話題。凡是有心去做的事，都會標舉口號，像「愛民、為義偃兵」。他說，愛民是「害民之始」，為義偃兵是「造兵之始」。聽來使人震撼。這一切的病根，唯在「虛偽」二字。他連用了六個「無」（不要如何），包括不要「陳列兵陣、集合兵騎、悖理貪求、巧詐勝人、謀略勝人、戰爭勝人」。這些就算得逞也是背離正途，不得善果。

唯一的正途是：修養內心的真誠，以此順應天地的實際情況。這也是「無心而為」的表現。一般人都難以做到的，手握大權的王侯能做到嗎？

157〈徐無鬼 24・4〉

從養馬也可以體悟治民之道

〈徐無鬼〉第四章。在本章寓言中，黃帝率領六名得力助手，去拜訪大隗，但迷路了。牧馬童子為他指路，並強調治天下無異於牧馬。

24・4

黃帝將見大隗（ㄨㄟˇ）乎具茨（ㄘˊ）之山，方明為御，昌宇驂（ㄘㄢ）乘（ㄕㄥˋ），張若、謵（ㄒㄧˊ）朋前馬，昆閽、滑（ㄍㄨˇ）稽後車；至於襄城之野，七聖皆迷，無所問塗。適遇牧馬童子，問塗焉，曰：「若知具茨之山乎？」曰：「然。」「若知大隗之所存乎？」曰：「然。」黃帝曰：「異哉小童！非徒知具茨之山，又知大隗之所存。請問為天下？」小童曰：「夫為天下者，亦若此而已矣，又奚事焉！予少而自遊於六合之內，予適有瞀（ㄇㄠˋ）病，有長者教予曰：『若乘日之車而遊於襄城之野。』今予病少痊，予又且復遊於六合之外。夫為天下，亦若此而已。予又奚事焉？」黃帝曰：「夫為天下者，則誠非吾子之事，雖然，請問為天下。」小童辭。黃帝又問。小童曰：「夫為天下者，亦奚以異乎牧馬者哉！亦去其害馬者而已矣。」黃帝再拜稽首，稱天師而退。

【譯文】

黃帝要去具茨山拜見大隗，由方明駕車，昌宇陪乘，張若、謵朋在馬前引導，昆閽、滑稽在車後跟隨。來到襄城郊外，七位聖人都迷失了方向，沒有人可以問路。正好遇見牧馬的童子，就向他問路說：「你知道具茨山嗎？」童子說：「是的。」又問：「你知道大隗住在哪裡嗎？」童子說：「是的。」黃帝說：「這個童子真是特別啊！不但知道具茨山，還知道大隗的住所。我想請教怎麼治理天下。」童子說：「治理天下的人，也只是這樣罷了，哪裡有什麼事呢！我小時候自己在天地之內遨遊，我恰好患了目眩症，一位長輩教我說：『你可以乘坐太陽車，到襄城郊外去遨遊。』現在我的病稍微好些，我又要到天地之外去遨遊。治理天下也只是這樣罷了，我又有什麼事可以做呢？」黃帝說：「治理天下，實在不是你的事，雖然如此，還是要請教怎麼治理天下。」童子推辭。黃帝又再請教。童子說：「治理天下的人，與牧馬的人又有什麼不同呢！也只是除去對馬有害的東西罷了。」黃帝一再叩首拜謝，稱他為天師，然後離去。

在莊子筆下，黃帝是古代君王的代表。他借重黃帝來說明統治者想要做好兩方面的事：悟道與治理百姓。統治者未必悟道，而悟道者對於治理百姓，是無心而為與無為而成的。我們在《莊子》書中所見的黃帝，在治理百姓方面多次受到批評，因為他倡行仁義教化（如〈在宥 11．3〉）；但是在認真悟道方面，則足以做為楷模，因為他多次訪求得道者的開導。如〈在宥 11．5〉描寫他請教廣成子。

本章黃帝率領六名得力助手遠行，要去具茨山拜訪一位隱居高人大隗。具茨山確有其地，近代出土一些古文物，上有簡單符號，專家尚在研究中。結果一行人迷路了，「七聖皆迷」。在人間稱「聖」，是指在某一方面有過人之能。這些人的背景與情況皆難以考證。

在人間稱聖的，在求道方面未必有利。譬如〈天地 12・4〉黃帝遺失「玄珠」，最後找到的不是幾位能人，而是看起來無所用心的象罔。

現在迷路了，遇到一個在當地牧馬的孩子。一問之下，他居然知道具茨山，也知道大隗。黃帝很高興，立即提出他縈懷於心的問題：怎麼治理天下？

黃帝大概以為地靈人傑，此處有悟道者，則眼前的牧馬小童或許也有特殊見識。小童以為天下事都是一人身上的事，他就說出自己的經驗。一，他小時候在「六合之內」遊玩，患了目眩症，看不清人間的情況，長輩教他乘坐太陽車，到城外去遨遊。「乘日之車」比喻張開心靈之眼，順著太陽的運行來了解人間的局限。二，治好目眩症，再遊於「六合之外」，比喻在人間與自然界之外，還有做為萬物來源與歸宿的道。三，經過這兩步提升，要治理天下實在不是什麼難事。這正是「天下本無事，庸人自擾之」。

這裡談到的兩個名詞可以對照〈齊物論 2・10〉所謂的「六合之外，聖人存而不論；六合之內，聖人論而不議」。牧馬小童由自身開始，先遊於「六合之內」，再遊於「六合之外」，等於是明白了人類與自然界的格局與限制，然後不是接近悟道的境界了嗎？

黃帝一時沒有明白，於是再問一次。小童說：我在牧馬時，

「去其害馬者而已」，那麼治理天下，不就是「除去對百姓有害的政策」嗎？這個觀點配合〈達生 19．6〉談養生有如牧羊時，要「視其後者而鞭之」，可謂同工異曲。對待百姓：除去過度之事，補上不足之事。其精神就是無心而為與無為而成。

158〈徐無鬼 24・5—24・6〉

天下的人有一優點必有一缺點

〈徐無鬼〉第五、第六章。第五章談到十二種「士」，大概包括了古代所有的文士與武士。另外則是農、工、商等一般百姓的需求。第六章談到當時的五派學說，各有觀點，引申論及音律方面的專業知識。

24・5

知士無思慮之變則不樂，辯士無談說之序則不樂，察士無淩誶（ㄙㄨㄟˋ）之事則不樂，皆囿於物者也。招世之士興朝，中民之士榮官，筋力之士務難，勇敢之士奮患，兵革之士樂戰，枯槁之士宿名，法律之士廣治，禮教之士敬容，仁義之士貴際。農夫無草萊之事則不比，商賈無市井之事則不比。庶人有旦暮之業則勸，百工有器械之巧則壯。錢財不積則貪者憂，權勢不尤則夸者悲，勢物之徒樂變，遭時有所用，不能無為也。此皆順比於歲，不物於易者也。馳其形性，潛之萬物，終身不反，悲夫！

【譯文】

智謀之士沒有思慮上的變化就不會快樂，善辯之士沒有在談論上分出高下就不會快樂，明察之士沒有可以凌辱責罵的事情就不會快樂，他們都是受到外物的束縛。舉才之士興於朝廷，得民之士榮享官位，強力之士冒險犯難，勇敢之士奮起除患，持戈之士樂於征戰，避世之士留下名聲，法律之士推廣治術，禮教之士整飾儀容，仁義之士重視交往。農夫沒有耕種就不自在，商人沒有買賣就不自在，百姓有日常的工作就會振奮，工匠有精巧的器械就會勤勉。錢財積得不多，貪婪的人就會煩惱；權勢擴展不快，好勝的人就會難過。仗勢圖利的人喜歡變亂，遭逢時機就大顯身手，不能無所作為啊。這些都是隨著情況起伏，無法擺脫外物束縛的人。他們放縱形體與本性，沉溺於萬物之中，終身不能回頭，真是可悲啊！

本章描述戰國中期的「士」。「士，事也」（〈說文〉），是指能夠辦事，有專長才幹的人。莊子在此列出十二種士。前三種（知士、辯士、察士）以其思慮及口才勝過別人。他們很明顯受到外物的束縛，沒有表演舞台就不會快樂。接著列出九種士，各有所好。

然後一般百姓呢？農夫、商賈、百工、庶人，各以其能謀生，平安度日。麻煩的是，有人貪婪、有人好勝，在變化多端的世間各逞本事，「不能無所作為」。如此同樣受到外物的束縛。結論則是「馳其形性，潛之萬物，終身不反，悲夫！」

莊子說「悲夫」，使我們想到他在〈齊物論 2．4〉談到世人與外物互相較量摩擦，追逐奔馳而停不下來，「不亦悲乎！」疲憊困頓不堪，卻不知自己的歸宿，「可不哀邪！」身體耗損衰老，心也跟著遲鈍麻木，「可不謂大哀乎？」由此可見莊子對世人的深刻關懷。若不悟道，人生實無幸福可言。

24．6

莊子曰：「射者非前期而中，謂之善射，天下皆羿也，可乎？」惠子曰：「可。」莊子曰：「天下非有公是也，而各是其所是，天下皆堯也，可乎？」惠子曰：「可。」莊子曰：「然則儒、墨、楊、秉四，與夫子為五，果孰是邪？或者若魯遽者邪？其弟子曰：『我得夫子之道矣！吾能冬爨鼎而夏造冰矣！』魯遽曰：『是直以陽召陽，以陰召陰，非吾所謂道也，吾示子乎吾道。』於是為之調瑟，廢一於堂，廢一於室，鼓宮宮動，鼓角（ㄐㄩㄝˊ）角動，音律同矣。夫或改調一弦，於五音無當也，鼓之，二十五弦皆動，未始異於聲，而音之君已形也。且若是者邪？」惠子曰：「今夫儒、墨、楊、秉，且方與我以辯，相拂以辭，相鎮以聲，而未始吾非也，則奚若矣？」莊子曰：「齊人蹢（ㄉㄧˊ）子於宋者，其命閽也不以完，其求鈃（ㄒㄧㄥˊ）鐘也以束縛，其求唐子也而未始出域，有遺類矣夫！楚人寄而蹢閽者，夜半於無人之時而與舟人鬥，未始離於岑，而足以造於怨也。」

【譯文】

莊子說：「射箭的人不依預定目標而誤中，說他是善於射箭，那麼天下人都是羿了，可以這樣說嗎？」惠子說：「可以。」莊子說：「天下沒有公認的是非，如果每個人都自以為是，那麼天下人都是堯了，可以這樣說嗎？」惠子說：「可以。」莊子說：「那麼，儒者、墨者、楊朱、公孫龍四家，加上你為五家，究竟誰說的對呢？或者像魯遽那樣嗎？魯遽的弟子說：『我學了老師的道術！我能在冬天生火燒飯，夏天取水造冰。』魯遽說：『這只是用陽氣招引陽氣，用陰氣招引陰氣，並非我所謂的道術。我來讓你看看我的道術。』於是調整瑟弦，放一張瑟在堂上，放一張瑟在內室，彈出這一張瑟的宮音，另一張的宮音也響起來，彈出這一張瑟的角音，另一張瑟的角音也響起來，這是音律相同的緣故。如果改動其中一弦的音調，讓它與五音不合，然後一彈就二十五根弦跟著響起來，聲音並沒有什麼不同，只是隨著主音而改變。你們都是像這樣的嗎？」惠子說：「現在儒者、墨者、楊朱、公孫龍，將會與我辯論，彼此用言詞互相攻擊，用聲音互相壓制，卻沒有辦法說是我錯，那麼我該如何呢？」莊子說：「齊國有人發現孩子犯罪，就把他流放到宋國，但是自己卻任用受刑的殘廢者做守門人；他得到一個鈃鐘酒器，就用繩子小心綁好，但是尋找走失的孩子，卻不肯走出門外，你們也是類似的情況吧！楚國有人寄居在別人家裡，還苛責守門人；這就像夜半無人的時候與船夫爭鬥，船還沒有靠岸就已經結下怨恨了。」

本章是莊子與惠子的辯論。莊子首先提醒惠子，如果沒有客觀的、公認的標準，那麼凡是自成一家的說法都可以認為自己是對的嗎？就像不先定好目標，只要射中東西就是神射手，那麼天下人都是羿了？不先定好是非標準，只要自圓其說就是明君，那麼天下人都是堯了？惠子對此說「可以」。莊子於是列舉檯面上的學派與人物。有關儒家與墨家，可參考〈天下 33．2—4〉的介紹，另有楊朱、公孫龍，以及惠子本人。這五種觀點誰說的對呢？

接著，莊子以傳聞中的魯遽（據傳是周初術士）為例，他的弟子可以「同氣相召」，冬天生火燒飯，夏天取水造冰；而他本人可以「同聲相應」，彈瑟時，二十五根弦隨主音而改變其音。主音相同，意指大家所處的時代與社會是一樣的；各弦依其位置而改變其音，意指大家各因角度與觀點之異而有不同說法。如此一來，各執一詞，都是羿或堯，何必爭持不下？

惠子自信口才過人，〈天下 33・10〉有「然惠施之口談，自以為最賢」一語。他在此宣稱另外四家代表「無論如何都沒有辦法說我的觀點是錯的。那麼該如何呢？」意思是他仍然要與別人爭個高下，非當天下第一不可。莊子原先的想法比較溫和：既然沒有客觀標準，爭論有何意義？聽完惠子的說法，莊子立刻用連續幾個比喻來描寫這些學者的執著與不智。一，齊國有人把犯罪的孩子流放到宋國，自己卻任用受刑者做守門人。同樣是犯罪受刑，為什麼要流放自己的孩子？別人受刑之後重新做人，替你守門，你的孩子為什麼沒有這個機會呢？二，這個人小心綁好酒器，卻不肯走到屋外尋找走失的孩子。為什麼如此貴物而輕人呢？三，楚國有人寄居在外，卻與守門人不睦；就像半夜搭船，船尚未靠岸就與船夫結怨一樣。守門人可以讓你進不了門，船夫可以讓你上不了岸，這不是跟自己過不去嗎？莊子的意思是：同代的人互相照顧唯恐不及，何況還要互相爭論排斥呢？事實上，關於辯論，他在〈齊物論 2・15〉已經指出：任何辯論根本找不到適合的裁判，因而也不會有結果。

159〈徐無鬼 24．7—24．8〉

莊子把惠子當作表演的道具

〈徐無鬼〉第七、第八章。第七章是莊子以寓言簡單評論惠子。第八章是管仲對鮑叔牙與隰朋的評論，說明擔任齊國宰相的條件。

24．7

莊子送葬，過惠子之墓，顧謂從者曰：「郢人堊（ㄜˋ）慢其鼻端若蠅翼，使匠石斲之。匠石運斤成風，聽而斲之，盡堊而鼻不傷，郢人立不失容。宋元君聞之，召匠石曰：『嘗試為寡人為之。』匠石曰：『臣則嘗能斲之。雖然，臣之質死久矣。』自夫子之死也，吾無以為質矣，吾無與言之矣！」

【譯文】

莊子送葬時，經過惠子的墳墓；他回頭對跟隨的人說：「郢地有個人把石灰抹在鼻尖上，薄得像蒼蠅翅膀，再請石匠替他削去。石匠運起斧來輪轉生風，順手砍下，把石灰完全削去，而鼻子毫無損傷。郢地這個人站在那裡面不改色。宋元君聽說這件事，就召石匠來說：『請你做給寡人看看。』石匠說：『我還是能用斧頭削去石灰。不過，我的對手已經死去很久了。』自從先生去世以後，我沒有對手了，我沒有可以談話的人了！」

莊子（約 368-288B.C.）與惠子（約 370-310B.C.）同為宋國學者，年齡相近。莊子在其書中唯一具名的朋友即是惠子，他們的討論與辯論多達八次。莊子妻死，惠子前去莊家弔唁（〈至樂 18．3〉）。〈天下 33．9—10〉是《莊子》一書的結尾，所介紹的是惠子與名家的學說，但作了犀利批判。依本書所載，他們二人的觀念差距甚大。莊子志在悟道，要找到萬物的來源與歸宿（造物者），並與之作伴同遊。他也希望能有「相視而笑，莫逆於心」的知己。至於惠子，則志在以口才勝過別人。他的聰明機智超過凡人，也曾從政擔任梁王的宰相，但談不上什麼政績。可惜天不假年，惠子早莊子 22 年去世。

本章內容是：莊子某次參加送葬行列，經過惠子墳墓，就向跟隨的人介紹惠子。他說的是寓言，但充分顯示了難以想像的自信。我們說一個人「自視甚高」，但要高過本章莊子的說法，則不多見。我們念過〈秋水 17．11—12〉，知道莊子對另一位名家代表公孫龍的評論，兩相對照，就比較可以心平氣和地閱讀本章的寓言了。寓言是這樣的：有個石匠技藝高超，可以用斧頭削去別人鼻尖上的一點點灰，卻不會傷到鼻子。這個「別人」正是惠施，而石匠自然是莊子了。

惠施成為莊子表演絕技的「道具」，實在情何以堪。但是，扮演道具並不容易，要「相信」石匠有這種天大的本事。惠施一死，道具消失，天下再也無人可以代替他，而石匠的絕技也失傳了。寓言中的宋元君看不到這種表演，頂多少了一項娛樂活動，但莊子少了惠子，無緣施展一身本事，則是莫大遺憾。結論有二：一，「如果」莊子真有這種本事，那麼惠子能夠成為當時唯一的道具，也算是不枉此生了。但惠子本人會同意嗎？這個寓言可能成為「文人相輕」最壞的示範。二，從莊子在其書中所陳列的觀點看來，人生唯一重要的事在於悟道。悟道與不悟道，根本是兩個世界，正如〈大宗師 6．9〉孔子承認自已是「遊方之內者」，而另三位悟道者是「遊方之外者」，然後「外內不相及」，連溝通都不可能。由此看來，莊子並未刻意貶低惠子。主張「天地與我並生，而萬物與我為一」的莊子，早就超越區分之知所帶來的比較與計較了。他的說法是要提醒我們：生命可貴，悟道至上。

24．8

管仲有病，桓公問之，曰：「仲父之病病矣，不可諱，云至於大病，則寡人惡乎屬國而可？」管仲曰：「公誰欲與？」公曰：「鮑叔牙。」曰：「不可。其為人潔廉善士也。其於不己若者不比之，又一聞人之過，終身不忘。使之治國，上且鉤乎君，下且逆乎民。其得罪於君也，將弗久矣。」公曰：「然則孰可？」對曰：「勿已，則隰（ㄒㄧˊ）朋可。其為人也，上忘而下畔，愧不若黃帝，而哀不己若者。以德分人謂之聖，以財分人謂之賢。以賢臨人，未有得人者也；以賢下人，未有不得人者也。其於國有不聞也，其於家有不見也。勿已，則隰朋可。」

【譯文】

管仲生病了，桓公去探問，問他說：「您的病很重了，若不避諱地說，萬一大病不起，寡人要把國事託付給誰才好呢？」管仲說：「您想要交給誰？」桓公說：「鮑叔牙。」管仲說：「不可以。他是個廉潔的好人，對於不如自己的人就不來往，一聽說別人的過錯就終身不忘。如果讓他治國，對上會約束國君，對下會違逆百姓。過不了多久，他就會得罪國君了。」桓公說：「那麼誰可以呢？」管仲說：「不得已的話，隰朋可以。他的為人，能使居上位者忘記他的存在，居下位者願意與他為伴，他自愧不像黃帝那麼偉大，而同情不如自己的人。用德行幫助人，稱為聖人；用錢財幫助人，稱為賢人。以賢才來向人誇耀，沒有能得民心的；以賢才來謙虛待人，沒有不得民心的。他對國事不會一一干預，對家事不會一一苛察。不得已的話，隰朋可以。」

齊桓公是春秋時代的一位霸主，輔佐他成就霸業的正是管仲（725-645B.C.）。孔子對管仲評價甚高，認為他的功勞是團結中原各國，免受夷狄的侵犯，並且以外交手段避免各諸侯國的戰爭。事見《論語・憲問》。莊子本章描寫管仲當了 40 年宰相，最後桓公在他病中問他誰可以接任宰相之位。當初管仲出任桓公宰相，是鮑叔牙力薦而成。現在管仲反對鮑叔牙接任其位。國家大事與私人情誼不可混淆，管仲做了示範。鮑叔牙是「潔廉善士」，但有兩個毛病：對於不如自己的人就不來往，一聽說別人的過錯就終身不忘。這樣的人如何可能協調上下，擔任宰相呢？

因此，管仲推薦隰朋。他可以承上啟下，讓大家共處於朝廷，合作辦事，他又謙虛待人，對國事與家事都寬和處之。

但歷史上的事實卻不是人所能預料的。依《史記・齊太公世家》所載，管仲與隰朋於同年去世。桓公用人不當，於後二年去世，五公子爭立。桓公死了 67 天，屍蟲出於戶外。這是用錯人的結果。但天下有幾個管仲，又有幾個隰朋？

160〈徐無鬼 24・9—24・10〉

技巧過人的猴子死於非命

〈徐無鬼〉第九、第十章。第九章描寫一隻猴子炫耀靈敏技巧而死於非命。第十章介紹南伯子綦的修行心得。

24・9

吳王浮於江，登乎狙(ㄐㄩ)之山。眾狙見之，恂(ㄒㄩㄣˊ)然棄而走，逃於深蓁。有一狙焉，委蛇攫(ㄐㄩㄝˊ)騷，見巧乎王。王射之，敏給搏捷矢。王命相者趨(ㄘㄨˋ)射之，狙執死。王顧謂其友顏不疑曰：「之狙也，伐其巧、恃其便以敖予，以至此殛(ㄐㄧˊ)也。戒之哉！嗟乎，無以汝色驕人哉！」顏不疑歸而師董梧，以鋤其色，去樂辭顯，三年而國人稱之。

【譯文】

吳王渡過長江，登上一座猴山。群猴看見人來，都驚慌地跑開，逃到荊棘叢林中。有一隻猴子，從容地攀著樹枝跳躍，在吳王面前賣弄靈巧的身手。吳王射牠，牠敏捷地接住來箭。吳王命令左右助手迅速發箭，牠就中箭摔下而死。吳王回頭對他的朋友顏不疑說：「這隻猴子自以為靈巧，仗著身手敏捷來傲視我，才會落到這樣的下場。要引以為戒啊！唉，不要以驕傲的態度對待人啊！」顏不疑回去就拜董梧為師，去除驕傲的態度，摒棄享樂，謝絕榮華，三年之後，國人都稱讚他。

身手靈敏的猴子可以接住吳王的箭，但無法應付眾多助手同時發箭，結果中箭而亡。雙拳難敵四手，何必招惹吳王？猴子不懂避難的道理，情有可原。吳王借題發揮，提醒顏不疑不要以驕傲的態度對待人。

依此推想，顏不疑可能是吳王聘用的學者顧問。學者有些知識，自覺高人一等，難免擺出驕傲的身段與臉色。吳王以猴子為喻，顏不疑一聽就明白了。回去之後，立即拜董梧為師，繼續修養自己。然後效果不錯：去除驕傲的態度，摒棄享樂，謝絕榮華。三年之後，國人都稱讚他。「三年」大概是一個階段，譬如，〈應帝王 7．6〉談到列子發現自己學藝不精，就向老師告辭回家，「三年不出」，從最簡單的生活瑣事修行自己。

24．10

南伯子綦隱几而坐，仰天而噓。顏成子游入見曰：「夫子，物之尤也。形固可使若槁骸，心固可使若死灰乎？」曰：「吾嘗居山穴之中矣。當是時也，田禾一睹我，而齊國之眾三賀之。我必先之，彼故知之；我必賣之，彼故鬻之。若我而不有之，彼惡得而知之？若我而不賣之，彼惡得而鬻之？嗟乎！我悲人之自喪者，吾又悲夫悲人者，吾又悲夫悲人之悲者，其後而日遠矣。」

【譯文】

南伯子綦靠著桌子坐著，仰起頭來緩緩吐出一口氣。顏成子游進來見了，就說：「老師，真是了不起啊。形體固然可以變成像枯骨一樣，心神真的可以變得像死灰一樣嗎？」南伯子綦說：

「我曾經住在山林洞穴裡。那個時候，齊君田禾一來看望我，齊國百姓就再三向他祝賀。我一定是先有名聲，他才會知道的；我一定是賣弄名聲，他才會來收買的。如果我沒有名聲，他怎麼會知道呢？如果我不賣弄名聲，他怎麼會來收買呢？唉！我為迷失自我的人悲哀，我又為替別人悲哀的人悲哀，我又為替別人悲哀的人的悲哀而悲哀，然後我就一天天遠離這一切了。」

本章開頭與〈齊物論 2・1〉類似。學生是顏成子游，老師先是南郭子綦，現在是南伯子綦，應該是同一人。修行的成果是一樣的，先前是「形如槁木，心如死灰」，這裡是「形若槁骸，心若死灰」。但這一次老師不談三籟，而是談具體的修行方法。這個方法可以稱為「悲哀三重奏」。南伯子綦原本隱居於山穴之中修行，但齊君田禾來探望他。這件事使他深受震撼。

先說田禾是誰。田禾的曾祖父是田常。田常又名陳恆，是齊國當權大夫。《論語・憲問》有「陳成子弒簡公」章。被弒者是齊簡公。自此齊國政令出於田氏，至田常曾孫田禾正式篡位為太公，並受封為諸侯，自此田氏為齊君。〈胠篋 10・1〉所謂「田成子一旦殺其君而盜其國」，正是「竊國者為諸侯」的例證。

齊君田禾由於探望南伯子綦而受百姓祝賀，因為這表示他敬重賢者。但被探望的子綦卻作逆向思考：一定是自己名聲太大又賣弄名聲，才會招來這件事。

在莊子看來，名聲不是好事，過錯在於自己不善於隱藏，因此修行還有待加強。如何加強？就是所謂的「悲哀三重奏」。一，為「自喪者」悲哀：看到有人迷失自我（重外而輕內），以致名聲傳揚於外，就要深感悲哀。這其實是為自己有名而悲哀。

二，為「悲人者」悲哀：譬如，張三為迷失自我的人感到悲哀，我就為張三的悲哀感到悲哀，因為人性有普遍的問題，認知能力很難擺脫「區分」的困境。三，為「悲人之悲者」悲哀：再提升到超越人性的層次，探討人性的來源與歸宿，然後發現凡是未能悟道的都難免於悲哀。人生在世確實像是「弱喪而不知歸者」〈齊物論 2・14〉。

經過上述三個階段，南伯子綦「形如槁骸，心如死灰」，已經抵達悟道的領域了。

161〈徐無鬼 24・11〉

狗會吠未必好，人會說未必賢

〈徐無鬼〉第十一章。楚王宴請孔子時，讓楚國兩位名人作陪。孫叔敖當過楚國宰相，三上三下，沒有喜怒表情（〈田子方 21・10〉）；市南宜僚曾經開導魯侯（〈山木 20・2〉），對孔子避之唯恐不及（〈則陽 25・5〉）。現在，莊子讓他們三人同台演出。以下分三段敘述。

24・11-1

仲尼之楚，楚王觴之。孫叔敖執爵而立，市南宜僚受酒而祭曰：「古之人乎！於此言已。」曰：「丘也聞不言之言矣，未之嘗言，於此乎言之。市南宜僚弄丸而兩家之難（ㄋㄢˋ）解，孫叔敖甘寢秉羽而郢人投兵。丘願有喙三尺。」

【譯文】

孔子來到楚國，楚王宴請他，孫叔敖手捧酒器站著，市南宜僚接過酒來致祭，說：「古代的人啊！在這裡要說話了。」孔子說：「我曾聽說無言之言，沒有向人說過，在這裡要說一說。市南宜僚玩弄著彈丸而使自己避開兩個大夫之家的危難。孫叔敖手持羽扇安靜躺著而使楚國免於用兵。我真希望自己有三尺長的嘴巴，可以用說的來做到這些事。」

首先，孔子博學多聞，知道市南宜僚與孫叔敖在楚國的重要經歷。他們都是「不說話」而化解了自身的危險與國家的災難。背後的故事大致如下。楚國白公勝作亂時，市南子不願參與其事，假裝專心於彈丸遊戲。他可以連丟九顆彈丸在空中。「丸八常在空，一在手」，他由此避開了二家之難（指令尹子西、子期被白公所殺）。孫叔敖身為令尹而恬淡安詳，使敵國不敢來犯而楚國亦免於用兵。這二人不說話而做成這樣的大事。孔子呢？他希望自己能做成類似的事，就算拼命說話也不在乎。意思是：「不言」勝過「有言」，差別在於智慧。

24．11-2

彼之謂不道之道，此之謂不言之辯。故德總乎道之所一，而言休乎知之所不知，至矣。道之所一者，德不能同也；知之所不能者，辯不能舉也；名若儒、墨而凶矣。

【譯文】

這二人所做的，可以稱為不言之言；孔子所談的，可以稱為不言之辯。所以，稟賦要歸結於道的統一整體中，而言語要停止於智力所不知道的領域，這樣才是最高的境界。道的統一整體，稟賦是無法涵蓋的；智力所不及的領域，辯才是無法解說的。名稱分立像儒家、墨家那樣，就會招來災禍。

這一段是莊子對上述對話的評論。

兩位名人的作為是「不言之言」，沒說話而有實際成效；孔子的說法是「不言之辯」，沒討論而有正確觀點。「道」是統一的整體，人的稟賦（德）可以安頓於其中，但無法涵蓋它。人的智力有限，言語要適可而止，光靠辯才是無法解說智力範圍以外的東西。如果勉強去做，就會像儒家、墨家那樣招來災禍，就是由於不當的「區分」而造成天下大亂。

24・11-3

故海不辭東流，大之至也；聖人並包天地，澤及天下，而不知其誰氏。是故生無爵，死無謚（ㄕˋ），實不聚，名不立，此之謂大人。狗不以善吠為良，人不以善言為賢，而況為大乎！夫為大不足以為大，而況為德乎！夫大莫若天地；然奚求焉？而大備矣。知大備者，無求，無失，無棄，不以物易己也。反己而不窮，循古而不摩，大人之誠。

【譯文】

所以，大海不排斥東流的水，這是大的極致。聖人包容天地，恩及天下，而人民不知他是誰。因此在世時沒有爵位，死後沒有謚號，不積聚財貨，不建立名聲，這就是所謂的大人。狗不因為牠喜歡叫，就算好狗；人不因為他會講話，就算傑出，更何況是偉大啊！連有心成就偉大都不足以變得偉大，更何況是要成就稟賦呢！說到大，沒有比得上天地的，但是天地追求什麼呢？它是最完備的。了解什麼是最完備的，這樣的人無所追求，無所喪失，無所捨棄，不因外物而改變自己。回歸自己就不會困窘，順應常法就不會磨滅，這才是大人的真實狀態。

結論是：聖人效法天地之大，超越了人間的相對價值（如爵位、謚號、財貨、名聲），因而成為真正的「大人」。「狗不以善吠為良，人不以善言為賢」。會說話算不得傑出，更談不上真正的「大」。人生要事莫若成就稟賦（德），做到「無求，無失，無棄」，不因外物而改變自己，能夠回歸自己並順應常法，才是真正的大人。

162〈徐無鬼 24・12—24・13〉

算命有這麼準的嗎？

〈徐無鬼〉第十二、第十三章。第十二章介紹一個父親找人為孩子看相算命的故事。結果相師看的是人間禍福，父親反而有其特殊智慧。第十三章是許由對堯的批評，類似的內容已出現不只一次了。

24・12-1

子綦有八子，陳諸前，召九方歅（一ㄣ）曰：「為我相吾子，孰為祥？」九方歅曰：「梱也為祥。」子綦瞿（ㄐㄩˋ）然喜曰：「奚若？」曰：「梱也將與國君同食以終其身。」子綦索然出涕曰：「吾子何為以至於是極也？」九方歅曰：「夫與國君同食，澤及三族，而況於父母乎！今夫子聞之而泣，是禦福也。子則祥矣，父則不祥。」

【譯文】

子綦有八個兒子，都站在他面前，他請來九方歅，對他說：「給我的兒子看看相，誰最有福氣？」九方歅說：「梱最有福氣。」子綦驚喜地說：「他會怎麼樣呢？」九方歅說：「梱終身都會與國君一起飲食。」子綦傷心流淚說：「我的兒子為什麼會陷入這種絕境呢？」九方歅說：「與國君一起飲食，恩澤會普及到三族，何況是父母呢！現在先生聽了反而哭泣，這是拒絕福份。看來兒子有福氣，父親卻沒有福氣。」

子綦請相士九方歅為八個兒子看相，希望知道誰最有福氣。答案是梱，他的福氣是終身都會與國君一起飲食。子綦聽了傷心流淚，九方歅為此說他這個做父親的沒有福氣。相士只看人間禍福，卻不管付出的代價是什麼。子綦知道人間禍福是相對的，捆大概會陷入絕境。他的理由是什麼，後續的發展又如何？

24・12-2

子綦曰：「歅，汝何足以識之，而梱祥邪？盡於酒肉，入於鼻口矣，而何足以知其所自來！吾未嘗為牧而牂（ㄗㄤ）生於奧，未嘗好田而鶉（ㄔㄨㄣˊ）生於宎（ㄧㄠˇ），若勿怪，何邪？吾所與吾子遊者，遊於天地。吾與之邀樂於天，吾與之邀食於地。吾不與之為事，不與之為謀，不與之為怪；吾與之乘天地之誠，而不以物與之相攖，吾與之一委蛇，而不與之為事所宜。今也然有世俗之償焉。凡有怪徵者，必有怪行，殆乎非我與吾子之罪，幾天與之也。吾是以泣也。」無幾何而使梱之於燕，盜得之於道，全而鬻之則難，不若刖（ㄩㄝˋ）之則易。於是乎刖而鬻之於齊，適當渠公之街，然身食肉而終。

【譯文】

子綦說：「九方歅，你怎麼能夠了解這個道理，梱真的有福氣嗎？只不過是酒肉送入口鼻而已，又怎麼知道酒肉是哪裡來的！我沒有畜牧而住屋西南角卻出現了羊隻；沒有打獵而住屋東南角卻出現了鶴鶉。你不覺得奇怪，為什麼呢？我教我的兒子遨遊，是要遨遊於天地之間。我教他們與自然同樂，我教他們與大地共食。我不教他們做成事業，不教他們運用謀略，不教他們標新立異；我教他們順從天地的實況，不因追逐外物而與此相違背，我教他們一切順其自然，而不教他們選擇什麼事該做，現在居然會得到世俗的報償。凡是有奇怪的徵兆，一定有奇怪的事情，這恐怕不是我與我兒子的過錯，而是上天給他的。我因此哭泣啊。」沒過多久，他派梱去燕國；在途中梱被強盜擄走，強盜認為四肢健全的人很難賣出去，不如把腳砍掉比較容易些，於是砍掉他的腳，把他賣到齊國，正好擔任齊康公的守門人，終身都有肉可以吃。

子綦認為「與國君一起飲食」這種特殊待遇，一方面不是他教導孩子所追求的；另一方面，凡是發生奇怪的情況，大概可以推之於天，而不是孩子的罪過。因此他痛哭流涕。那麼，子綦平日教導孩子做什麼呢？與大地共食，與自然同樂，順從天地的實況；不做成事業、不運用謀略、不標新立異。如此居然會有「世俗之償」，那麼必有預料不到的怪事出現。怎麼辦呢？

梱後來出外辦事，被強盜擄走，又被砍腳之後，賣給齊康公擔任守門人，終身都有肉可吃。由此看來，九方歅看相所算的並沒有錯，但過程實在離奇，並且結果也完全談不上有福氣。至於齊康公，正是被田禾所篡位的齊君。在周安王 11 年（391B.C.）田禾遷齊康公於海邊，「使食一城，以奉其先祀」。梱被賣給齊康公擔任守門人，實在談不上是九方歅開頭所謂的「夫與國君同食，澤及三族」。天壤之別，不忍言之。子綦的水平遠非九方歅所能想像。

24・13

齧缺遇許由，曰：「子將奚之？」曰：「將逃堯。」曰：「奚謂邪？」曰：「夫堯畜畜然仁，吾恐其為天下笑。後世其人與人相食與！夫民，不難聚也，愛之則親，利之則至，譽之則勸，致其所惡則散。愛利出乎仁義，捐仁義者寡，利仁義者眾。夫仁義之行，唯且無誠，且假夫禽貪者器。是以一人之斷制利天下，譬之猶一覕（ㄆㄧㄝˇ）也。夫堯知賢人之利天下也，而不知其賊天下也，夫唯外乎賢者知之矣。」

【譯文】

齧缺遇到許由，說：「你要去哪裡？」許由說：「要逃避堯。」齧缺說：「為什麼呢？」許由說：「堯孜孜不倦地行仁，我擔心他會被天下人嘲笑。後世大概會有人吃人的慘事啊！人民是不難聚集的，愛護他們就會親近，給他們利益就會前來，稱讚他們就會勤奮，讓他們厭惡就會離散。愛護與利益都是出於仁義，忘掉仁義的人很少，利用仁義的人很多。仁義如果推行開來，就會帶來虛偽，並且成為凶殘貪婪者的工具。這是只憑一個人的判斷來決定什麼對天下有利，就好像眼睛一瞥就想看盡一切。堯知道賢人對天下有利，卻不知道他們對天下也有害，只有不在乎賢人的人，才知道這個道理啊。」

仁義如果當做招牌、成為工具，人與人相處就會不真誠，就會虛偽。虛偽的目的是要利用別人，推到極點的話，不是「人與人相食」嗎？許由確實有智慧，對於堯一直要他去當天子，他是逃之唯恐不及，這一點在〈逍遙遊 1・8〉已經說過了。他看到堯一天到晚在推廣仁義，就擔心後世會有人吃人的慘劇（〈庚桑楚 23・2〉）。

事實上，遇到大的災荒，確實會有人吃人的事。如：《漢書・武紀》記載：「元鼎三年，關東郡國，十餘饑人相食」。這是飢餓帶來的可怕結果，至於因虛偽而造成的互相傷害，強凌弱、眾暴寡，把別人當工具來完成自己的目的，這樣的例子太多了。

事實上，儒家倡言仁義，其基礎是要出於真誠之心。但是仁義講多的話，很多人就不但沒有真誠，反而是偽裝出仁義的樣子，就變成虛偽。虛偽與真誠正好完全相反。虛偽久了多了，這個世界自然變成社會叢林，後果就不堪設想了。

163〈徐無鬼 24・14—24・16〉

適可而止，隨順外物

〈徐無鬼〉第十四、十五、十六章。第十四章描寫世間有三種人：沾沾自喜的、得過且過的、勞苦不堪的。他們在世間以為自己混得不錯，其實都沒有悟道。第十五章強調古之真人如何適可而止、隨順外物，一般人連「避難」都不可得。第十六章指出有七種「大」，明白這些才是「大不惑」。

24・14

有暖姝（ㄕㄨ）者，有濡需者，有卷（ㄑㄩㄢˊ）婁者。所謂暖姝者，學一先生之言，則暖暖姝姝而私自說也，自以為足矣，而未知未始有物也，是以謂暖姝者也。濡需者，豕蝨是也，擇疏鬣（ㄌㄧㄝˋ）自以為廣宮大囿，奎蹄曲隈（ㄨㄟ），乳間股腳，自以為安室利處。不知屠者之一旦鼓臂布草，操煙火，而己與豕俱焦也。此以域進，此以域退，此其所謂濡需者也。卷婁者，舜也。羊肉不慕蟻，蟻慕羊肉，羊肉羶也。舜有羶行，百姓悅之，故三徙成都，至鄧之虛而十有萬家。堯聞舜之賢，舉之童土之地，曰冀得其來之澤。舜舉乎童土之地，年齒長矣，聰明衰矣，而不得休歸，所謂卷婁者也。是以神人惡眾至，眾至則不比，不比則不利也。故無所甚親，無所甚疏，抱德煬（ㄧㄤˊ）和以順天下，此謂真人。於蟻棄知，於魚得計，於羊棄意。

【譯文】

有沾沾自喜的人，有得過且過的人，有勞苦不堪的人。所謂沾沾自喜的人，就是只學到一位老師的言論，就心悅誠服而暗自得意，以為自己已經足夠了，卻不知道原本並無一物存在，所以說他是沾沾自喜的人。所謂得過且過的人，像豬身上的蝨子，選擇豬鬃稀疏的地方，自以為是廣闊的宮廷園林，寄居在蹄邊胯下、乳旁股腳，自以為是安居便利的處所。卻不知道屠夫有一天舉起手臂，鋪下柴草生起煙火，自己就與豬一起燒焦了。像這樣隨著環境而生存，也隨著環境而毀滅，就是所謂得過且過的人。至於勞苦不堪的人，像舜一樣。因為羊肉不愛慕螞蟻，螞蟻卻愛慕羊肉，因為羊肉有羶腥的味道。舜表現了有羶腥味的作為，百姓都喜歡他，所以他三次遷徙就形成都城，抵達鄧地曠野時已經有十幾萬家百姓了。堯聽說舜的賢能，把他從荒野之地提拔出來，說希望他能帶給百姓恩澤。舜從荒野之地被選拔出來，到年歲大了，耳目衰退了，還不能退休回家，這就是所謂的勞苦不堪的人。因此，神人厭惡眾人來歸附，眾人來歸附就無法照顧周全，無法照顧周全則無法和睦相處。所以，他對人不特別親近也不特別疏遠，持守稟賦、培養和氣來順應天下，這才稱為真人。這樣的真人，使螞蟻放棄分辨的能力，使魚在水中悠游自得，使羊放棄羶腥的味道。

活在世間，人需要安頓自己，但怎樣才是真正的安頓？有三種人以為自己搞定了，而其實是搞錯了。第一種是沾沾自喜的人（暖姝者），他們受過教育，跟著一位老師就以為找到了真理，但不知道「未始有物」是怎麼回事。「未始有物」是莊子筆下的最高智慧所能覺悟的內容（〈齊物論 2．8〉，〈庚桑楚 23．6〉）。既然未始有物，又何必執著於一家之見？第二種是得過且過的人（濡需者），他們相信人間是永恆的居所，在得到生活所需的各種條件之後，以為就此高枕無憂，夫復何求！殊不知萬物變遷無已，滄海桑田，最後一切幻滅。第三種是勞苦不堪的人（卷婁者），他們廣受百姓愛戴，結果像舜一樣，到老了還不能退休。他們真的以為非有自己不可嗎？

第三種人身為政治領袖，言行風動草偃，但莊子認為「神人、真人」對此不以為然。理想的作風是：對人「無所甚親，無所甚疏」，可對照老子《道德經》第 56 章的「不可得而親，不可得而疏」。然後，持守稟賦、培養和氣來順應天下。

最後，針對本章所說的三種人，最好的做法是：一，「於蟻棄知」：使暖姝者不再以為自己有所知。二，「於魚得計」：使濡需者不再考慮居所而可以像魚一樣，大家相忘於江湖。三，「於羊棄意」：使卷婁者不再想要以善行吸引百姓來歸。

24．15

以目視目，以耳聽耳，以心復心。若然者，其平也繩，其變也循。古之真人，以天待人，不以人入天。古之真人，得之也生，失之也死；得之也死，失之也生。藥也，其實菫也，桔梗也，雞癰也，豕零也，是時為帝者也，何可勝言！句踐也，以甲楯（ㄕㄨㄣˇ）三千棲於會（ㄍㄨㄟˋ）稽。唯種也能知亡之所以存，唯種也不知其身之所以愁。故曰，鴟（ㄔ）目有所適，鶴脛有所節，解之也悲。故曰：風之過河也有損焉，日之過河也

有損焉。請只風與日相與守河，而河以為未始其攖也，恃源而往者也。故水之守土也審，影之守人也審，物之守物也審。故目之於明也殆，耳之於聰也殆，心之於殉也殆，凡能其於府也殆，殆之成也不給改。禍之長也茲萃，其反也緣功，其果也待久。而人以為己寶，不亦悲乎！故有亡國戮民無已，不知問是也。

【譯文】

用眼睛去看眼睛所能看見的，用耳朵去聽耳朵所能聽到的，用心智去觀照心智所能思考的，能做到如此，則平靜時如繩一樣直，變化時有如隨順萬物。古代的真人，用自然來對待人事，不用人事去干擾自然。古代的真人，以得為生，以失為死；以得為死，以失為生。譬如藥材，烏頭、桔梗、雞頭草，豬苓根這些藥草，在需要用它做主藥的時候，就珍貴了，像這樣的例子怎麼說得完呢！勾踐被夫差打敗時，率領三千士兵退守於會稽山，只有文種知道越國雖亡還可以圖生存，也只有文種不知道自己將有殺身的憂慮。所以說，貓頭鷹的眼睛只能適應夜晚，鶴的腳一定有那麼長，截短了牠就悲哀。所以說，風吹過會使河水有所減損，太陽照過也會使河水有所減損。讓風與太陽一起降在河水上，而河水卻完全沒有受損，那是靠著水源不斷注入啊。所以，水守著土才會安定，影子守著人才會安定，一物守住他物才會安定。所以，眼睛過於求明，會有危險；耳朵過於求聽，會有危險；心智過於求通，會有危險；凡是保存收藏才能的，都會有危險；危險一旦形成，就來不及改變了。禍患的滋長越來越多，要想去禍得福，須靠累積的努力，要想獲得成果，則需要長久的時日。而人們還把目、耳、心智當成寶貝，不是很可悲嗎！所以亡國殺人的事件不會停止，就是因為不知探討上面的道理啊。

本章以人的「目、耳、心」為例，提醒人要順其自然與適可而止。又以四種藥材為例，說明各有成為主藥的機會。古之真人，「以天待人」，正是排除執著的作法。如果執著於自己的見解，不能隨時而化，結果難免像文種一樣，知存而不知亡，下場悲慘。人生像一條河流，風與太陽會使河水減損，而河水依然流動不息，那是因為「恃源而往」，靠著水源不斷注入。「道」是水源，人若悟道，則守住根本，不會消逝。再回到人的「目、耳、心」，還是以收斂為上，否則在相對的事物上打轉，終究難免於危險。

24．16

故足之於地也踐，雖踐，恃其所不蹍（ㄓㄢˇ）而後善博也；人之於知也少，雖少，恃其所不知而後知天之所謂也。知大一，知大陰，知大目，知大均，知大方，知大信，知大定，至矣。大一通之，大陰解之，大目視之，大均緣之，大方體之，大信稽之，大定持之。盡有天，循有照，冥有樞，始有彼。則其解之也似不解之者；其知之也似不知之也，不知而後知之。其問之也，不可以有崖，而不可以無崖。頡（ㄒㄧㄝˊ）滑有實，古今不代，而不可以虧，則可不謂有大揚搉（ㄑㄩㄝˋ）乎！闔不亦問是已？奚惑然為？以不惑解惑，復於不惑，是尚大不惑。

【譯文】

所以，腳踩到的地方很小，就是因為很小，得靠那沒有踩到的地方才能遠行；人所知道的東西很少，就是因為很少，得靠不知道的東西才能了解自然是怎麼回事。了解全然一體，了解全然安靜，了解全盤所見，了解全然均等，了解全部方位，了解全然信實，了解全然安定，這就是最高境界了。全然一體，就貫通一切；全然安靜，就消解一切；全盤所見，就看到一切；全然均等，就順應一切；全部方位，就包容一切；全然信實，就驗證一切；全然安定，就持守一切。窮盡就會展現自然，順應就會得到照明，在混冥中自有樞紐，在開始時就有增加。理解它的，好像不理解它的；知道它的，好像不知道它的；不知道然後才會知道。探問它時，不可以有邊際，也不可以沒有邊際。萬物紛雜錯亂而各有實質，古今也不可互相替換，而一切都不可受到損傷，這樣還能不說是最扼要的解釋嗎！為什麼不來探究其中的道理呢？還有什麼好疑惑的呢？以不惑之理來解釋疑惑，使自己回復到不惑的狀態，這樣才能抵達大不惑的境界。

「大」字對道家有特別意義。老子《道德經》第 25 章，在勉強為「有物混成」「強字之曰道」，然後說：「強為之名曰大」。以「大」形容「道」，是合宜的（如第 18 章、34 章、67 章等）；同時，老子也常以「大」描寫「最高程度的狀態」，如第 41 章所謂的「大白、大方、大音、大象」，以及第 45 章所謂的「大成、大盈、大直、大辯」等。莊子本章談「七大」，用法類似，但重點在於前面加上「知」字，就是要「知七大」。這顯然是體現「以道觀之」的成效，也即是「以知為啟明」的驗證。

這種知「似不知之也，不知而後知之」，這正是啟明之知的特色，無法以言語表述。以這種心態接受一切，正是對萬物之「大揚搉」（最扼要的解釋）。而此時的不惑才是真正的「大不惑」。一般所說「不惑」（如《論語・為政》孔子說自己四十而不惑），是指對世間事物的因果有所領悟而不再困惑；莊子的大不惑則是悟道之後的境界，可以由整體與永恆的角度（即道的角度）來觀看一切。

〈則陽〉 第二十五

要旨

失去本性，代價太高。人的本性有如舊國舊都，「望之暢然」。不必追求外物，不必迎合眾人，若是入世從政，則須設法「得其環中以隨成」，與物同化但內心始終不化。本篇最後談到「萬物之所生」，但悟道之人對此不會太過費心。

164〈則陽25・1—25・2〉

見到本性有如回到故鄉

現在進展到《莊子》第二十五篇〈則陽〉。〈則陽〉第一、第二章。這兩章藉由彭則陽想見楚王而未成，談到公閱休的聖人風範。

25・1

則陽遊於楚，夷節言之於王，王未之見，夷節歸。彭陽見王果曰：「夫子何不譚我於王？」王果曰：「我不若公閱休。」彭陽曰：「公閱休奚為者邪？」曰：「冬則擉（ㄔㄨㄟ）鼈于江，夏則休乎山樊。有過而問者，曰：『此予宅也。』夫夷節已不能，而況我乎！吾又不若夷節。夫夷節之為人也，無德而有知，不自許，以之神其交。固顛冥乎富貴之地。非相助以德，相助消也。夫凍者假衣於春，暍（ㄏㄜˋ）者反冬乎冷風。夫楚王之為人也，形尊而嚴；其於罪也，無赦如虎。非夫佞人正德，其孰能橈（ㄋㄠˊ）焉！故聖人，其窮也使家人忘其貧，其達也使王公忘爵祿而化卑。其於物也，與之為娛矣；其於人也，樂物之通而保己焉。故或不言而飲人以和，與人並立而使人化，父子之宜。彼其乎歸居，而一間其所施。其於人心者若是其遠也。故曰待公閱休。」

【譯文】

彭則陽遊歷到了楚國，夷節向楚王推介，但楚王沒有接見他，夷節只好回去了。彭則陽去見王果，說：「先生為什麼不在楚王面前提到我呢？」王果說：「我不如公閱休。」彭則陽說：「公閱休是做什麼的？」王果說：「他冬天在江裡刺鱉，夏天到山邊休息。有過路的人問他話，他就說：『這裡就是我的住處。』夷節都幫不上忙，何況是我呢！我又比不上夷節。夷節的為人，沒有德行而有智巧，不會自視過高，因此而交遊廣闊；他始終沉迷在富貴之中，對德行毫無助益，反而日漸損害。就像受凍的人盼望著春天的厚衣，中暑的人期待著冬天的冷風，都是不切實際的。楚王的為人，外表尊貴而威嚴；對於有罪的人，如同猛虎般毫不寬赦。若不是巧言善辯的人或德行端正的人，誰能說服他呢？所以，只有聖人，在受困時可以使家人忘記貧窮，在顯赫時能使王公貴族忘記身分地位，而變得謙卑。他對於外物，可以愉悅相處；他對於人群可以與眾同樂而又保存自我。所以即使不發一言，也能使人覺得和諧；與人並肩而立，就能使人自動感化，父子關係各得其宜。他安居家中，無所事事。他對人心的影響是如此深遠啊。所以說，要等公閱休才能辦成。」

一般人想見君王，需要有適當的人引介。如〈徐無鬼 24．1〉開頭所說：「徐無鬼因女商見魏武侯」。現在，彭則陽找夷節引介，想見楚王，結果沒成。他於是請託王果，但王果說自己不如公閱休。到底誰的引介可以成功呢？照排名順序，王果第三，夷節第二，公閱休第一。王果有自知之明，不想自討沒趣。夷節德行不高但交遊廣闊，雖有智巧但沉迷富貴。他在楚王面前，分量不足以引介一個平民。至於公閱休，有何特別之處？他在天地之間，可以安於各種情況，在任何地方都說「此予宅也」。天地就是他的家。他已達聖人境界，可以使家人忘其貧，使王公忘其爵祿。與外物愉悅相處，在人群中與眾同樂又保存自我。不說話就使人覺得和諧，不作為就使人自動感化。他體現了「外化而內不化」（〈知北遊 22・14〉），也正是這裡說的「樂物之通而保己焉」。他如果出面，那位威嚴赫赫的楚王自然樂於接受引介了。

25・2

聖人達綢繆（ㄇㄡˊ），周盡一體矣，而不知其然，性也。復命搖作，而以天為師，人則從而命之也。憂乎知，而所行恆無幾時，其有止也若之何！生而美者，人與之鑑，不告則不知其美於人也。若知之，若不知之，若聞之，若不聞之，其可喜也終無已，人之好之亦無已，性也。聖人之愛人也，人與之名，不告則不知其愛人也。若知之，若不知之，若聞之，若不聞之，其愛人也終無已，人之安之亦無已，性也。舊國舊都，望之暢然；雖使丘陵草木之緡（ㄇㄧㄣˊ），入之者十九，猶之暢然。況見見聞聞者也？以十仞之臺縣眾間者也？

【譯文】

聖人明白深奧的道理，把萬物看成一個整體了，但是不知道自己如此卓越，這是出於本性。回歸本來狀態，展現任何行動，都以自然為老師，人們因而跟隨他也信賴他，如果擔心智巧不足，又不斷地使用智巧，那麼這種擔心怎麼可能會停止呢！生來就美麗的人，別人給他鏡子，但不告訴他，他仍然不知道自己比別人美麗。他好像知道，又好像不知道，好像聽說，又好像沒聽說，他讓人喜愛的特質始終不會消失，人們對他的愛好也不會消失，這是出於本性。聖人愛護人們，別人給他名聲，但不告訴他，他仍然不知道自己愛護人們。他好像知道，又好像不知道，好像聽說，又好像沒聽說，他愛護人們的行為始終不會停止，人們安於接受他的愛護也不會停止，這是出於本性。自己的祖國與故鄉，看了就心裡舒暢；即使被丘陵草木掩蔽了十分之九，還是覺得心裡舒暢。何況是親自見識了本來的面目呢？就像十仞的高台聳立於眾人眼前，誰又能掩蔽它呢？

本章接續前面對公閱休的推崇，描寫聖人是怎麼回事。文中三度提及「性也」，意指「這是出於本性」。哪三種情況呢？一，聖人雖有至高智慧，但「不知其然」，這是出於本性。可以對照老子《道德經》第 71 章「知不知，尚矣；不知知，病也。」意思是：知道而不自以為知道，最好；不知道而自以為知道，就是缺點。聖人沒有這種缺點，因為他從來不會自以為知道，也就是此處所謂的「不知其然」。二，生來美麗的人，對自己的美麗並無感覺，也因而讓人喜愛，這也是出於本性。人一旦自知美麗，則自處與處人皆成問題，如〈山木 20・11〉旅店主人之美妾不受喜愛。三，聖人愛護別人卻對此無所知覺，人們也安於接受他的愛護，這也是出於本性。

對於人的性（本性）與德（稟賦），要有一個基本觀念，就是：保存即是修行，修行即是回歸於道。其中的修行就是要使人的認知能力由區分而避難，再到啟明。到了啟明，由道觀看一切，就是本章開頭所謂的「聖人達綢繆，周盡一體」。然後一切表現皆合乎自然而出自本性。

本章最後的結語生動可喜。若出自本性，則如「舊國舊都，望之暢然」，即使只看到一點端倪，也足以讓人欣喜。像公閱休這樣的聖人，如果出面引見，則楚王自然歡喜接納了。

165〈則陽 25・3—25・4〉

蝸牛上兩隻角，有什麼好爭的？

〈則陽〉第三、第四章。第三章以聖人為例，引申「外化而內不化」的具體作為。第四章談到魏國與齊國是戰是和的問題。只要放寬心胸，一切可以化解。

25・3

冉相氏得其環中以隨成，與物無終無始，無幾無時。日與物化者，一不化者也，闔嘗舍之？夫師天而不得師天，與物皆殉，其以為事也若之何？夫聖人未始有天，未始有人，未始有始，未始有物，與世偕行而不替，所行之備而不洫，其合之也若之何？湯得其司御，門尹登恆為之傅之，從師而不囿，得其隨成，為之司其名；之名嬴法，得其兩見。仲尼之盡慮，為之傅之。容成氏曰：「除日無歲，無內無外。」

【譯文】

冉相氏把握住了圓環的核心，可以任由一切生成發展，與萬物相處沒有過去未來之分，也沒有現在當下的執著。每天隨著萬物變化，內心卻始終如一，何曾離開過自己？有心效法自然就得不到效法自然的結果，只是與萬物一樣向外追逐，那又怎麼做得到效法自然呢？聖人心中，不曾想到自然，不曾想到人事，不曾想到開始，不曾想到結束，與世俗同行而沒有偏廢，所做的事圓滿而沒有窒礙，他的冥合境界是怎麼做到的呢？商湯找到主事之官，就拜門尹登恆為師。他追隨老師又不局限於老師所教，領悟了隨物自成的道理，然後把名聲歸於老師；結果名聲與事跡都為眾人所知。孔子排除一切思慮，以此為自己的老師。容成氏說：「除去時日就沒有年歲，沒有內就沒有外。」

本章內容豐富，展示了悟道者的處世重點。在〈知北遊 22・14〉提及「古之人，外化而內不化」，就是隨外物變化而內心保持不變。因為悟道，所以內不化；至於外化，則是隨順客觀的環境與條件。接著它說：「與物化者，一不化者也。」本章則說了同樣的話：「日與物化者，一不化者也。」正因為內不化，所以外化不構成問題。這也正是開頭所謂的「得其環中以隨成」。「環中」一詞在〈齊物論 2・6〉初見，它說：「樞始得其環中，以應無窮。」意即：掌握了樞紐，才算掌握住圓環的核心，可以因應無窮的變化。外化即是「隨成」，正如聖人無所執著，他「未始有天、有人、有始、有物」。這裡的「未始有物」並非我們多次強調之古人最高智慧所知的內容，而是指「未始有終」而言。「物」指「歾，物故，終也」。聖人什麼都不執著，與萬物冥合而已。然後，商湯領悟了「隨物自成」的道理，做到「功成而弗居，夫唯弗居，是以不去」（老子《道德經》第 2 章）。孔子也學會了「盡慮」，無心而為。最後，容成氏上場，他是〈胠篋 10・5〉至德之世的十二氏中排名第一的古人。他說的「除日無歲，無內無外」，是要混同時間與空間，以萬物為一個整體，以回應〈齊物論 2・9〉所謂的「天地與我並生，而萬物與我為一」。這確實是「外化而內不化」的極致表現。

25・4

魏瑩與田侯牟約，田侯牟背之；魏瑩怒，將使人刺之。犀首公孫衍聞而恥之，曰：「君為萬乘之君也，而以匹夫從讎！衍請受甲二十萬，為君攻之，虜其人民，係其牛馬，使其君內熱發於背，然後拔其國。忌也出走，然後抶（ㄔˋ）其背，折其脊。」季子聞而恥之，曰：「築十仞之城，城者既七仞矣，則又壞之，此胥靡之所苦也。今兵不起七年矣，此王之基也。衍亂人，不可聽也。」華子聞而醜之，曰：「善言伐齊者，亂人也；善言勿伐者，亦亂人也；謂伐之與不伐亂人也者，又亂人也。」君曰：「然則若何？」曰：「君求其道而已矣！」惠子聞之，而見戴晉人。戴晉人曰：「有所謂蝸（ㄍㄨㄚ）者，君知之乎？」曰：「然。」「有國於蝸之左角者，曰觸氏；有國於蝸之右角者，曰蠻氏，時相與爭地而戰，伏尸數萬，逐北旬有五日而後反。」君曰：「噫！其虛言與？」曰：「臣請為君實之。君以意在四方上下，有窮乎？」君曰：「無窮。」曰：「知遊心於無窮，而反在通達之國，若存若亡乎？」君曰：「然。」曰：「通達之中有魏，於魏中有梁，於梁中有王。王與蠻氏，有辯乎？」君曰：「無辯。」客出而君惝（ㄊㄤˇ）然若有亡也。客出，惠子見。君曰：「客，大人也，聖人不足以當之。」惠子曰：「夫吹筦（ㄍㄨㄢˇ）也，猶有嗃（ㄒㄧㄠ）也；吹劍首者，吷（ㄒㄩㄝˋ）而已矣。堯、舜，人之所譽也；道堯、舜於戴晉人之前，譬猶一吷也。」

【譯文】

魏惠王魏瑩與齊威王田侯牟訂立盟約，田侯牟違背了盟約；魏瑩大怒，打算派人行刺田侯牟。公孫衍將軍聽到後，認為可恥，就說：「您是擁有萬乘兵車的國君，卻用一個平民的手段去報仇。我請求率領二十萬士兵，替您去攻打他，俘虜他的人民，掠取他的牛馬，使他這個君主內心焦急，背上生瘡，然後消滅他的國家。迫使他的大將軍田忌逃走，然後鞭打他的後背，折斷他的脊骨。」季子聽到這種說法後，認為可恥，就說：「要建築十仞的城牆，已經完成了七仞，卻又毀壞它，這是服勞役的人覺得痛心的事。現在沒有戰爭已經七年了，這是大王的基業啊。公孫衍是個搗亂的人，不可聽信他的話。」華子聽了這番話，認為可恥，就說：「極力主張攻打齊國的，是搗亂的人；極力主張不攻打的，也是搗亂的人；說主張攻打與不攻打是搗亂的人的，還是搗亂的人。」國君說：「那麼，怎麼辦呢？」華子說：「您只求依道而行罷了。」惠子聽說這件事，就為國君引見戴晉人。戴晉人說：「有一種叫做蝸牛的東西，您知道嗎？」國君說：「知道。」戴晉人說：「有一個國家在蝸牛的左角上，叫做觸氏；另一個國家在蝸牛的右角上，叫做蠻氏。這兩個國家時常為了爭奪土地而打仗，戰死的有幾萬人，勝者追逐敗軍，要十五天才能回來。」國君說：「啊！這是虛構的故事吧？」戴晉人說：「我來為您證實這件事。依您推測，四方上下有窮盡嗎？」國君說：「沒有窮盡。」戴晉人說：「知道自己的心思可以遨遊於無窮盡的境界，再回過頭看看舟車通達的這塊土地，簡直是若有若無吧！」國君說：「是啊！」戴晉人說：「在舟車通達的土地中，有一個魏國，魏國中有一個大梁，大梁中有一個國君，國君您與蠻氏有什麼分別呢？」國君說：「沒有分別。」客人辭出後，國君悵然若有所失。客人走了，惠子晉見。國君說：「這位客人，真是了不起，是個大人，聖人也不能與他相比。」惠子說：「吹竹管的，聲音還很大；吹劍頭小孔的，就只有絲絲一聲了。堯、舜是人們所稱讚的；但是在戴晉人面前談起堯、舜，就好像這個絲絲一聲啊。」

本章有如短篇小說。魏惠王與齊威王訂有盟約。齊王違約，魏王要報仇，如何報仇？一，派刺客去暗殺齊王，但公孫衍將軍反對，他認為應該正式宣戰。二，季子反對戰爭，因為兩國維持了七年和平，不宜輕啟戰端。三，華子認為主戰與主和都是搗亂者，他批評別人搗亂，自己也是搗亂者。魏王進一步問他該怎麼辦，他說「君求其道而已矣！」這種回答讓人莫測高深，也毫無參考價值。

接著，惠子上場。在〈秋水 17・14〉有「惠子相梁，莊子往見之」一章，因此當時惠子在魏國（以大梁為都，又稱梁國）身處高位。他與莊子化解誤會之後，可能就以「戴晉人」這個化名，把莊子引介給魏王。若非如此，他沒有必要在本章結尾推崇戴晉人比堯、舜高明百倍。莊子無意於仕途，惠子也樂於有這樣一位天才友人。

戴晉人怎麼開導魏王？他以蝸牛為喻。小小一隻蝸牛，頭上有兩角，象徵兩個國家。這兩國經常爭地而戰，死者數萬人。魏王一時沒有會過意，戴晉人請他想一想：四方上下沒有窮盡，中原各國若有若無，其中有個魏國，再其中有個大梁，而裡面有個國君。請問，大王與蝸牛角上的右角蠻氏有什麼分別？

魏王覺悟了，在戴晉人離開後，稱讚他是比聖人還更高明的大人。有關大人與聖人，在〈徐無鬼 24 · 11〉這兩者名異而實同；在本章則大人高於聖人。莊子用詞不受拘限，此為一例。最後，惠子補充一句：堯、舜比起戴晉人只是絲絲一聲而已。這種評論只是逞弄口才，聽聽就罷。

166〈則陽 25・5—25・6〉

對人對物，其實正是對待自己

〈則陽〉第五、第六章。第五章描寫楚國隱士市南宜僚不願與孔子相見，孔子對此亦有自知之明。第六章是長梧封人談論為政與治民的心得。莊子由此引申養生之道。

25・5

孔子之楚，舍於蟻丘之漿。其鄰有夫妻臣妾登極者，子路曰：「是稯（ㄗㄨㄥ）稯何為者邪？」仲尼曰：「是聖人僕也。是自埋於民，自藏於畔；其聲銷，其志無窮，其口雖言，其心未嘗言，方且與世違，而心不屑與之俱。是陸沉者也，是其市南宜僚邪？」子路請往召之。孔子曰：「已矣！彼知丘之著於己也，知丘之適楚也，以丘為必使楚王之召己也，彼且以丘為佞人也。夫若然者，其於佞人也羞聞其言，而況親見其身乎？而何以為存？」子路往視之，其室虛矣。

【譯文】

孔子到楚國去，住在蟻丘一戶賣漿人的家裡，他的鄰居有夫妻及男的女的爬到屋頂上來觀看。子路說：「這麼多人聚在一起，是做什麼的？」孔子說：「是聖人的僕人。聖人混迹於民間，藏身於田園；他的聲名隱匿，志向無窮，口中雖有言語，心中始終默然，他的作為與世人相反，內心更不屑與世人同流合汙。這一位隱居世間的人，不就是市南宜僚嗎？」子路想去求見。孔子說：「算了吧！他知道我了解他，知道我要去楚國，以為我一定會說服楚王召見他，他還把我當成諂媚之徒吧。像這樣的人，羞於聽到諂媚之徒的言論，更何況是親身相見呢？你又怎麼問得到人呢？」子路前往探視，房舍果然空無一人。

在〈徐無鬼 24 · 11〉記載楚王宴請孔子時，曾與市南宜僚有一面之緣。本章所述則是市南宜僚發現孔子暫時寄宿在隔壁人家，就立刻逃之夭夭。孔子對市南子十分敬重，稱他為聖人，也明白他為何隱居。孔子還猜測他為何要避開不肯相見：因為他把孔子當成諂媚之徒，認為孔子會勸楚王召見他。因此，念本章時，要忘記前面楚王宴請孔子之事，因為二者情節扞格，難以自圓其說。並且，孔子顯示了儒家的特色：一，道不同，不相為謀（《論語 · 衛靈公》），不必勉強不同理想的人。二，知其不可而為之（《論語 · 憲問》），堅持信念，勇往直前。三，對隱者有相當的理解（《論語 · 微子》），也知道有些隱者以他為「佞人」，不願相見。儒道二家關懷不同，不妨各行其是。不過在莊子筆下，孔子難免受到委屈。

25 · 6

長梧封人問子牢曰：「君為政焉勿鹵莽，治民焉勿滅裂。昔予為禾，耕而鹵莽之，則其實亦鹵莽而報予；芸而滅裂之，其實亦滅裂而報予。予來年變齊，深其耕而熟耰（ㄧㄡ）之，其禾繁以滋，予終年厭飧（ㄙㄨㄣ）。」莊子聞之曰：「今人之治其形，理其心，多有似封人之所

謂，遁其天，離其性，滅其情，亡其神，以眾為。故鹵莽其性者，欲惡之孽，為性萑（ㄏㄨㄢˊ）葦蒹葭（ㄐㄧㄚ），始萌以扶吾形，尋擢吾性；並潰漏發，不擇所出，漂疽疥癰，內熱溲（ㄙㄡ）膏是也。」

【譯文】

長梧的封疆官員對子牢說：「您處理政務不要鹵莽，治理百姓不要草率。以前我種稻子，耕地時動作鹵莽，稻穀也就以鹵莽的收成來回報我；鋤草時動作草率，稻穀也就以草率的收成來回報我。第二年，我改變方法，深耕田地，仔細鋤草，稻穀就繁榮滋長，使我整年都吃不完。」莊子聽到這段對話後，說：「現在的人在調理身體、修養內心時，很多就像這位封疆官員所說的情形，就是逃避自然，脫離本性，消除真情，喪失心神，以此迎合眾人。所以，鹵莽地對待本性，各種欲求與憎惡就萌芽了，像野草一樣遮蔽了本性，開始時滿足我的身體，不久就拔除我的本性；於是上潰下漏，到處出毛病，像瘡疥出膿，虛勞消渴都是。」

本章分兩段。前一段是長梧封人以自身務農的經驗提醒子牢：為政治民不可鹵莽草率，否則會有惡果。《孟子‧梁惠王下》引述曾子之語，指出官員如果殘害百姓，則「出乎爾者，反乎爾者也」，他所做的事，後果會報復到自己身上。這句話演變為成語「出爾反爾」，意思不同，變成「言而無信」了。

接著，莊子引申其理，認為一般人對待自己，如果「逃避自然、脫離本性、消除真情、喪失心神」，以此迎合眾人，將來後果也會不堪設想。

167〈則陽 25・7—25・9〉

你在哪裡，世界就在哪裡

〈則陽〉第七、第八、第九章。第七章藉柏矩遊歷齊國，指出天下百姓的苦難是類似的，而病根都在統治者。第八章以蘧伯玉為例，說明人對事物的看法常在改變，因而難免陷於迷惑。第九章有三種對衛靈公諡號為「靈」所作的說明。今日讀來有如街談巷議，不必深究。

25・7

柏矩學於老聃，曰：「請之天下遊。」老聃曰：「已矣！天下猶是也。」又請之，老聃曰：「汝將何始？」曰：「始於齊。」至齊，見辜人焉，推而強之，解朝服而幕之，號天而哭之，曰：「子乎子乎！天下有大菑（ㄗㄞ），子獨先離之，曰莫為盜，莫為殺人！榮辱立，然後睹所病；貨財聚，然後睹所爭。今立人之所病，聚人之所爭，窮困人之身使無休時，欲無至此，得乎？古之君人者，以得為在民，以失為在己；以正為在民，以枉為在己。故一形有失其形者，退而自責。今則不然，匿為物而愚不識，大為難而罪不敢，重為任而罰不勝，遠其塗而誅不至。民知力竭，則以偽繼之；日出多偽，士民安取不偽？夫力不足則偽，知不足則欺，財不足則盜。盜竊之行，於誰責而可乎？」

【譯文】

柏矩在老聃門下學習，他說：「請求准許到天下各地遊歷。」老聃說：「算了吧！天下各地都是一樣的。」柏矩再度提出請求，老聃說：「你要先去哪裡？」柏矩說：「先去齊國。」他到了齊國，看見一具受刑示眾的屍體，就推動屍體成仰臥狀，再脫下朝服將其覆蓋，然後喊著天痛哭，說：「嗚呼嗚呼！天下有大難，你偏偏先遭殃，人們都說不要做強盜，不要去殺人！一旦榮辱確立，就會出現弊病；一旦財貨聚集，就會出現爭端。現在確立了人們所詬病的，聚集了人們所爭奪的，讓人們置身於窮困之中無法擺脫，想要免於受害至死，有可能嗎？古代的君主，把成就歸於人民，把過失歸於自己；政治上軌道，是靠著人民，政治有偏差，則是自己的問題。所以，只要有一個人受苦受難，他就退而責備自己。現在卻不是這樣，隱藏事情的真相，然後指摘人民沒有見識；擴大困難的程度，然後怪罪人民缺少勇氣；加重任務的艱鉅，然後懲罰人民不能勝任；延長路途的距離，然後譴責人民無法抵達。人民用盡了才智與力量，就以虛偽來應付；每天發出這麼多虛偽的政令，百姓怎麼會不虛偽呢？力量不足就做假，才智不足就欺騙，財貨不足就偷盜。盜竊的行為，該責怪誰才好呢？」

天下各地都是一樣的。統治者善待百姓，社會就安定和諧；統治者胡作非為，社會也隨之大亂。柏矩請示老聃，要去外國遊歷。他到了齊國，看到一具受刑示眾的屍體，忍不住喊著天痛哭，並且歸咎於統治者「立榮辱，聚財貨」。老子《道德經》第 3 章說：「不尚賢，使民不爭；不貴難得之貨，使民不為盜；不見可欲，使民心不亂。」百姓的失常失序，統治者是責無旁貸的。柏矩接著比較古今統治者之別。古代統治者自覺責任重大，一心照顧百姓；後代統治者把全部責任都推給百姓，百姓「力不足則偽，知不足則欺，財不足則盜」。等到犯罪受刑，又該怪誰？

本章基本立場與儒家相近。《論語・顏淵》記載季康子因盜賊太多而煩惱，孔子的建議是：如果您自己不貪求財貨，就是有獎勵他們也不會去偷竊。

25・8

蘧伯玉行年六十而六十化，未嘗不始於是之，而卒詘（ㄔㄨˋ）之以非也；未知今之所謂是之非五十九非也。萬物有乎生，而莫見其根；有乎出，而莫見其門。人皆尊其知之所知，而莫知恃其知之所不知而後知，可不謂大疑乎？已乎！已乎！且無所逃，此所謂然與？然乎？

【譯文】

蘧伯玉已經六十歲了，而六十年來都在與時變化，未嘗沒有在開始時認為對的事，後來反而以為是錯的；不知現在所謂對的，不是五十九歲時認為是錯的。萬物在生長之中，但沒有人見過它的根源；一切都有出處，但沒有人見過它的門徑。人們都重視自己智力所及的知識，卻不知道要靠自己智力所不及的知識才可以得到真知識，這能不說是大迷惑嗎？算了吧！算了吧！沒有人可以免於這種迷惑，這就是對的說法嗎？真的如此嗎？

衛國大夫蘧伯玉是孔子所敬重的朋友。本章開頭說他「行年六十而六十化」；在〈寓言 27・2〉記載莊子告訴惠子說：「孔子行年六十而六十化」。以同樣的筆法描述二人。重點是：「化」是與時變化，從前認為是對的，後來發覺是錯的；現在認為是對的，可能以前認為是錯的。意思是：人在認知方面是有限而難免迷惑的。因此要保持開放的態度，承認自己有所不知，然後才可能逐漸有所知。

25・9

仲尼問於太史大弢（ㄊㄠ）、伯常騫、狶韋曰：「夫衛靈公飲酒湛樂，不聽國家之政；田獵畢弋，不應諸侯之際；其所以為靈公者何邪？」大弢曰：「是因是也。」伯常騫曰：「夫靈公有妻三人，同濫而浴。史鰌（ㄑㄧㄡ）奉御而進，所搏幣而扶翼。其慢若彼之甚也，見賢人若此其肅也，是其所以為靈公也。」狶韋曰：「夫靈公也死，卜葬於故墓不吉，卜葬於沙丘而吉。掘之數仞，得石槨焉，洗而視之，有銘焉，曰：『不馮（ㄆㄧㄥˊ）其子，靈公奪而里之。』夫靈公之為靈也久矣，之二人何足以識之！」

【譯文】

孔子請教大弢、伯常騫、狶韋這三位太史，說：「衛靈公飲酒作樂，不理會國家朝政；打獵捕獸，不參與諸侯盟會；他死後為什麼還被諡為靈公呢？」大弢說：「正是為了這個緣故。」伯常騫說：「靈公有妻子三人，同在一個浴盆裡洗澡。史鰌奉召進見時，靈公停止下棋並上前攙扶他。他的生活是那樣的散漫，他對待賢人又是這樣的尊敬。這就是他諡號為靈公的緣故。」狶韋說：「靈公死時，占卜顯示葬在祖先墓地不吉利，要葬在沙丘才吉利。於是掘地幾仞深，發現一具石槨，洗乾淨一看，上面有銘文說：『不必依靠兒子，靈公取而居之。』靈公被諡為『靈』是早就注定的。他們二人怎能知道這一點呢！」

本章討論衛靈公死後，諡號為「靈」的理由。依周朝初期所定的諡法：「亂而不損曰靈」，「德之精明曰靈」，「極知鬼神曰靈」等。孔子向三人請教。大弢以「亂而不損」（終究是混亂了規矩）來解釋。伯常騫則由正面看待，說他是「德之精明」（分辨內外，尊敬賢人）。至於狶韋則由「極知鬼神」（測知鬼神之意）來理解，並且認為可由占卜墓地一事來證明。此皆古人之事，對我們意義不大。

168〈則陽 25・10—25・11〉

萬物起源實在說不清楚

〈則陽〉第十、第十一章。這兩章記載太公調回答少知有關丘里之言的問題，其中談及道是什麼，萬物起源，無為有為，可說不可說等，是長篇對話，內容豐富而複雜，多讀幾遍白話譯文是必要的。

25・10

少知問於太公調曰：「何謂丘里之言？」太公調曰：「丘里者，合十姓百名而以為風俗也，合異以為同，散同以為異。今指馬之百體而不得馬，而馬係於前者，立其百體而謂之馬也。是故丘山積卑而為高，江河合水而為大，大人合并而為公。是以自外入者，有主而不執；由中出者，有正而不距。四時殊氣，天不賜，故歲成；五官殊職，君不私，故國治；文武殊能，大人不賜，故德備；萬物殊理，道不私，故無名。無名故無為，無為而無不為。時有終始，世有變化。禍福淳淳，至有所拂者而有所宜；自殉殊面，有所正者有所差。比於大澤，百材皆度；觀乎大山，木石同壇。此之謂丘里之言。」少知曰：「然則謂之道，足乎？」太公調曰：「不然，今計物之數，不止於萬，而期曰萬物者，以數之多者號而讀之也。是故天地者，形之大者也；陰陽者，氣之大者也；道者為之公。因其大以號而讀之則可也，已有之

矣，乃將得比哉！則若以斯辯，譬猶狗馬，其不及遠矣。」

【譯文】

少知請教太公調說：「什麼是丘里之言？」太公調說：「所謂丘里，就是把十家姓、百家人聚合在一起所形成的風俗。把相異的合在一起就成為相同，把相同的分散開來就成為相異。現在專指馬的各個部分來說，便不得稱為馬；但是馬是根據前者合異為同，總合各個部分才可稱為馬的。因此，山丘累積小土堆才可成就其高，江河匯合小水流才可成就其大，大人容納各方才可大公無私。所以，從外界學來的，心中有主見而不執著；從內在發出的，外在有印證而不排斥。四時氣候不同，自然未加干預，所以成就歲月；五官職務不同，君主沒有偏私，所以國家得治；文武才幹不同，大人未加干預，所以稟賦完備；萬物條理不同，大道沒有偏私，所以化解名稱。化解名稱就無所作為，無所作為就沒有什麼做不成的。時間有終始，世事有變化。禍福流行反覆，雖有所乖違，也能有所適宜；各自追求不同的方面，有所得者也有所失。譬如大澤中，各種木材都有用途；再看大山中，樹木岩石同在一處。這就稱為丘里之言。」少知說：「那麼，稱它為道，可以嗎？」太公調說：「不可以。現在計算物的種類，不止於一萬，而限稱為萬物，是以這個大的數目來稱呼它。所以，稱呼天地，是指形體中最大的；稱呼陰陽，是指氣體中最大的；道則是總括一切。因為它大而這樣稱呼是可以的。已經稱為丘里之言了，又怎麼能與道相提並論呢！如果要分辨這兩者，就像狗與馬，相差實在太遠了。」

丘里之言是指某一地區長久形成的風俗習慣，其中的觀念與想法。它之所以值得討論，是因為在〈齊物論 2 · 7〉說：「庸也者，用也；用也者，通也；通也者，得也；適得而幾矣。」意思是：平庸的就是平常日用的，也就是世間通行的，也就是把握住關鍵的，因而也接近道了。問題是：每個地區都有丘里之言，其中各有「接近」道的部分，但「並不等於」道。若想對道有所認識，必須做到一句話：「是以自外入者，有主而不執；自中出者，有正而不距。」意即：所以，從外界學來的，心中有主見而不執著；從內在發出的，外在有印證而不排斥。這句話可以參照〈天運 14 · 8〉所謂的「中無主而不止，外無正而不行」（心中若無主宰，則道不會停留；外在若無印證，則道不會運行）。然後總結為一句話：「道不私，故無名。無名故無為，無為而無不為。」「無為而無不為」一語在老子《道德經》兩見（第 37、48 章），莊子此處由不私與無名來理解，確有所見。然而丘里之言與「道」終究是兩回事。

25 · 11

少知曰：「四方之內，六合之裡，萬物之所生惡起？」太公調曰：「陰陽相照相蓋相治，四時相代相生相殺。欲惡去就於是橋起，雌雄片合於是庸有。安危相易，禍福相生，緩急相摩，聚散以成。此名實之可紀，精微之可志也。隨序之相理，橋運之相使，窮則反，終則始。此物之所有；言之所盡，知之所至，極物而已。睹道之人，不隨其所廢，不原其所起，此議之所止。」少知曰：「季真之莫為，接子之或使，二家之議，孰正於其

情，孰偏於其理？」太公調曰：「雞鳴狗吠，是人之所知；雖有大知，不能以言讀其所自化，又不能以意測其所將為。斯而析之，精至於無倫，大至於不可圍。或之使，莫之為，未免於物而終以為過。或使則實，莫為則虛。有名有實，是物之居；無名無實，在物之虛。可言可意，言而愈疏。未生不可忌，已死不可阻。死生非遠也，理不可睹。或之使，莫之為，疑之所假。吾觀之本，其往無窮；吾求之末，其來無止。無窮無止，言之無也，與物同理；或使莫為，言之本也，與物終始。道不可有，有不可無。道之為名，所假而行。或使莫為，在物一曲，夫胡為於大方？言而足，則終日言而盡道；言而不足，則終日言而盡物。道、物之極，言、默不足以載；非言非默，議有所極。」

【譯文】

少知說：「四方之內，六合之中，萬物是從哪裡產生的？」太公調說：「陰陽彼此感應，互相抵消、互相滋長；四時輪流出現，互相孕育、互相滅除。愛恨離合，由此紛紛運作，雌雄交配由此常有萬物。安危相互交換，禍福相互產生，壽夭相互衝突，聚散因而形成。這些是有名有實可以辨識，極精極微可以記載的。隨著四時運行的順序，產生陰陽活動的作用，物極則反，終而復始。這是萬物所具有的現象；言語所能窮盡的，知識所能達到的，只是限於萬物的範圍罷了。悟道的人，不追逐萬物的去向，不探求萬物的起源，一切議論到此為止。」少知說：「季真主張無為，接子主張有為，這兩個人的議論，誰符合實情，誰偏離正理呢？」太公調說：「雞鳴狗吠，這是人們所知道的；即使是有大智慧的人，都不能用言語來說明牠們這麼做的緣故，也不能用心意去推測牠們將會怎麼做。依此來分析萬物，有精細到無與倫比的，也有巨大到不可限量的。然後主張這一切是有所為或無所為，都不免是在萬物上立論，所以終究是一種偏差。有為之說，強調實際；無為之說，強調虛空。有名有實，代表物的存在；無名無實，看出物的虛空。可以言說也可以意會的，越用言說就越疏遠。未生的不可禁止它生，已死的不可阻攔它死。死與生相隔不遠，其中的道理卻無法看見。有所為與無所為，正是疑惑裡面最大的。我觀察萬物的開始，它的過去是無窮的；我探求萬物的結束，它的未來是無盡的。無窮無盡，說的是它的虛無，與萬物的條理相同；有為無為，說的是它的依據，與萬物一起開始及終結。道不可以是有，也不可以是無。道這個名稱，是借用而來的。有為與無為，各自局限於物的一邊，怎麼能用來理解大道呢？言語如果可以勝任，那麼整天談的無不是道；言語如果不可以勝任，那麼整天談的無不是物。道是窮盡萬物者，言語與沉默都不足以表達；既不是言語也不是沉默，議論就無處可去了。」

少知再問：萬物是從哪裡產生的？太公調扣緊萬物在其自身範圍之內的變化生滅、循環往復（窮則反，終則始）來說明；但止步於此，不能再多說有關萬物的起源與去向的問題。少知最後問：那麼，人生在世，應該無為，還是有為？太公調說：有所為與無所為，正是「疑惑之所假」，一切疑惑的來源，因為兩者都是在萬物上立論，各有所據，也各有所失。這些都與道無關。

「道」這個名稱是借用來的（《道德經》第 25 章，「強字之曰道」）。言語與沉默都不足以表達道。那麼，還能有什麼議論？

總之，就萬物本身而言，本章表達了「氣化一元論」的觀點。但不可言說的道才是萬物的來源與歸宿。至於有所為與無所為之爭，則可以用「無心而為」一語來消解。

〈外物〉 第二十六

要旨

有關善惡的報應，實在沒有一定標準；甚至連分辨善惡都不太可能。莊子才華卓越，但窮得向人借米；孔子有心救世，卻總是受人教訓；儒者口誦詩書，做的竟是盜墓；白龜可以託夢，難以避開噩運；我們要學習的是：順人而不失己。一切以悟道為先，得魚而忘筌，得意而忘言。

169〈外物 26．1—26．2〉

莊子向人借米，寓言實在生動

我們進展到《莊子》第二十六篇〈外物〉。〈外物〉第一、第二章。第一章談到人間的價值觀混淆錯亂，不僅善惡報應沒有一定，人與人相處也是苦多樂少。第二章是莊周借米的故事，讀之心酸。

26．1

外物不可必，故龍逢誅，比干戮，箕子狂，惡來死，桀、紂亡。人主莫不欲其臣之忠，而忠未必信，故伍員流於江，萇弘死於蜀，藏其血三年而化為碧。人親莫不欲其子之孝，而孝未必愛，故孝己憂而曾參悲。木與木相摩則然，金與火相守則流。陰陽錯行，則天地大絯（ㄏㄞˋ），於是乎有雷有霆，水中有火，乃焚大槐（ㄏㄨㄞˊ）。有甚憂兩陷而無所逃，螴（ㄔㄣˊ）蜳（ㄉㄨㄣ）不得成，心若縣（ㄒㄩㄢˊ）於天地之間，慰暋（ㄇㄧㄣˊ）沉屯，利害相摩，生火甚多，眾人焚和，月固不勝火，於是乎有僓（ㄊㄨㄟˊ）然而道盡。

【譯文】

外在的事物是沒有一定的，所以龍逢被誅殺，比干被剖心，箕子裝瘋狂，惡來不免一死，桀、紂終於滅亡。君主無不希望臣子忠心，但是忠心卻未必得到信任，所以伍子胥浮屍江上，萇弘在蜀地自殺，他的鮮血被人珍藏三年竟化為碧玉。父母無不希望子女孝順，但是孝順卻未必得到歡心，所以孝己愁苦而曾參悲傷。木與木相摩擦就會燃燒，金與火相聚合就會熔化。陰陽二氣運行錯亂，就會引起天地震動，於是雷霆大作，雨中夾著閃電，把大槐樹都燒起來。有人過度憂慮，陷入利害兩難而無法逃避，恐懼不安而一事無成；一顆心就像懸在天地之間，鬱悶苦惱不已，利害互相衝突，內心焦急萬分。人們攪亂了內在的平和，清明的本性禁不住欲望的焚燒，於是形神敗壞而生機喪盡。

本章宣稱外在事物是沒有一定的，所指的是人間的價值觀與自然界的狀況。人間方面，列舉了十人，七善三惡，但結局都同樣不好。自然界的變化雖然有其規律，但意外狀況（如嚴重的風雨雷電所造成的天災）也不斷出現。那麼，人應該如何處世與自處？往往是：清明的本性禁不住欲望的焚燒，於是形神敗壞而生機喪盡。本章列舉人物簡介：龍逢為夏桀所殺；比干遇害與箕子佯狂，皆商紂造成；惡來是商紂的諛臣，後為周武王所殺；伍員（子胥）為吳王夫差所殺；萇弘為周敬王大夫，受冤而死；孝己為殷高宗之子，事親至孝，但高宗受後妻之言所惑，將其流放至死。曾參以孝順知名，但為其父所憎。

26・2

莊周家貧，故往貸粟於監河侯。監河侯曰：「諾。我將得邑金，將貸子三百金，可乎？」莊周忿然作色曰：「周昨來，有中道而呼者，周顧視，車轍中，有鮒魚焉。周問之曰：『鮒魚來，子何為者邪？』對曰：『我

東海之波臣也。君豈有斗升之水而活我哉？』周曰：『諾，我且南遊吳、越之王，激西江之水而迎子，可乎？』鮒魚忿然作色曰：『吾失我常與，我無所處。吾得斗升之水然活耳，君乃言此，曾（ㄗㄥ）不如早索我於枯魚之肆！』」

【譯文】

莊周家裡貧窮，因此去向監河侯借米。監河侯說：「好的。等我收到封地的賦稅之後，就借給你三百金，可以嗎？」莊周氣得臉色都變了，說：「我昨天來的時候，半路上有人喊我。我回頭一看，在車輪壓凹的地方有一尾鯽魚。我問牠說：『鯽魚呀！你在這裡做什麼？』牠回答說：『我是東海的水族之臣。你有沒有一升一斗的水可以救我呢？』我說：『好的，我將到南方遊說吳國、越國的君主，引進西江的水來迎接你，可以嗎？』鯽魚氣得臉色都變了，說：『我失去了日常需要的水，沒有容身之處。現在我只要有一升一斗的水就可以活命，而你竟然這樣說，那還不如早些去乾魚鋪找我算了。』」

關於莊子的生活實況，本書在〈山木 20．7〉說他穿著一件打了補丁的粗布衣服，用麻繩拴住腳上的破鞋，然後去見魏王。魏王問他怎麼如此萎靡，他說自己是貧窮而不是萎靡。在〈列御寇 32．4〉代表宋王出使秦國的曹商嘲笑莊子：住在窮街陋巷，困窘地織鞋為生，餓得面黃肌瘦。莊子非常窮困，還要養活一家人，難免有斷炊之時。本章說他向監河侯（應該是早年認識，後來去做官的朋友）借米。別人推託要在收稅之後借他三百金。三百金應該是相當可觀的數字。在〈逍遙遊 1・12〉記載有人向宋國一家專業洗衣的人購買秘方，以調製不讓手龜裂的藥物。他出價一百金就成功了。因此，三百金夠莊子一家人活兩三年，不能不說是一筆財富。但是遠水救不了近火，莊子需要的是救急不是救窮。

經過這一推托。莊子立即講了一則鮒魚（鯽魚）的寓言。寓言生動，只是不知魚是如何氣得「臉色變了」。

170〈外物 26．3—26．4〉

把儒家當盜墓賊，有夠挖苦

〈外物〉第三、第四章。第三章描寫任公子釣大魚，推及治國者應有的氣魄。第四章諷刺儒者盜墓，提醒人受教育到底是為了什麼。

26．3

任公子為大鉤巨緇，五十犗(ㄐㄧㄝˋ)以為餌，蹲(ㄘㄨㄣˊ)乎會稽，投竿東海，旦旦而釣，期年不得魚。已而大魚食之，牽巨鉤錎(ㄒㄧㄢˋ)沒而下，騖揚而奮鬐(ㄑㄧˊ)，白波若山，海水震蕩，聲侔鬼神，憚赫千里。任公子得若魚，離而腊(ㄒㄧˊ)之，自制河以東，蒼梧以北，莫不厭若魚者。已而後世輇才諷說之徒，皆驚而相告也。夫揭竿累，趣灌瀆，守鯢鮒，其於得大魚難矣。飾小說以干縣令，其於大達亦遠矣。是以未嘗聞任氏之風俗，其不可與經於世亦遠矣。

【譯文】

任公子打造了大釣鉤與粗黑的長繩，用五十頭閹牛做釣餌，坐在會稽山上，把魚竿投入東海。他天天都去垂釣，一整年都沒有釣到魚；然後有一條大魚來吞餌，牽動大釣鉤沉入海中，又急速躍起擺動魚鰭，白浪湧起如山，海水震盪不已，聲如鬼哭神嚎，千里之外聽了都害怕。任公子釣到這條大魚，把牠剁開風乾，從浙江以東到蒼梧山以北，沒有人不飽吃這條魚的。這件事發生之後，後世那些有小聰明又好談論的人，都大吃一驚，爭相走告。拿著小魚竿細釣繩，走到水溝旁邊，守候泥鰍鯽魚，這樣想要得到大魚是很困難的。以淺薄的學說做標榜，去追求高名美譽，這樣距離領悟大道是很遙遠的。所以，不曾聽過任公子釣魚事蹟的人，就沒有辦法治理天下，因為相距實在太遙遠了。

這是一篇生動的寓言。莊子擅長挑戰想像力，從〈逍遙遊〉的鯤與鵬之大，都是「不知其幾千里也」，到〈人間世〉的櫟社樹「其大蔽數千牛」等，不勝枚舉。現在要加上本章的任公子釣魚了。魚餌是五十頭閹牛，但不知如何安排釣竿與釣繩，也不知如何拋入海中，又停留一整年？聽起來像神話故事的巨人所為。終於大魚上鉤了。莊子書中最讓人震撼的一幕上場：在大魚上鉤、奮力掙脫時，「白波若山，海水震蕩，聲侔鬼神，憚赫千里。」光是想像這種畫面就難免心神盪漾。

這條大魚可以餵飽幾千人，這個事件自然也傳誦開來。

莊子的意思是：若想領悟大道（大達），就須放棄平凡的相對的目標，全力準備（五十牛），長期專注（期年），最後悟道則嘉惠千人萬人。引申到治理天下，為政者不是也應如此高瞻遠矚、厚積薄發、謀全民之大利嗎？

26・4

儒以《詩》、《禮》發冢。大儒臚傳曰：「東方作矣，事之何若？」小儒曰：「未解裙襦，口中有珠。」「《詩》固有之曰：『青青之麥，生於陵陂（ㄆㄛ）。

生不布施，死何含珠為？』接其鬢（ㄅㄧㄣˋ），壓其顪（ㄏㄨㄟˋ），而以金椎控其頤，徐別其頰，無傷口中珠！」

【譯文】

儒者盜墓時，也會用到《詩》與《禮》。大儒生傳話下來說：「太陽已經出來了，事情進行得如何？」小儒生說：「裙子與上衣尚未脫下，口裡還含著一顆珠子。」大儒生說：「《詩》上早就寫著：『青青的麥穗，生長在山坡上。生前不布施給人，死後又何必含珠！』抓著他的鬢髮，按著他的鬍鬚，你用鐵鎚敲他的下巴，慢慢撥開他的兩頰，不要碰壞了口裡的珠子。」

本文諷刺儒者，至為辛辣。大儒與小儒的對話，有如唱詩相和，他們引用的是逸詩。小儒下到墓中，遵大儒之命取珠，合乎「有事弟子服其勞」，也是禮的要求。盜墓還用詩與禮，其心態至為偏頗。詩的精神是「思無邪」（一切出於真情）（《論語．為政》）；禮的核心是「毋不敬」（端莊嚴肅）（《禮記．曲禮上》。古代受教育的人才有機會學習詩與禮，現在用於盜墓場合，所受的教育又有何用？莊子所論或許有些事實根據，但並非真正儒者之所為。在〈田子方 21．6〉已可看到全魯國只有一位真正的儒者。

另外，本章引詩有「布施」一詞，後來成為佛教用語。而死者口中含珠，是來自古代信仰，以珠象徵月亮，月缺會再圓，人死會復生。

171〈外物 26．5—26．6〉

白龜再聰明也抵不過萬人謀之

〈外物〉第五、第六章。第五章記述老萊子教導孔子如何成為君子，至於成為聖人則還談不上。第六章記述宋元君夢見白龜之事，孔子的評論擲地有聲。

26．5

老萊子之弟子出薪，遇仲尼，反以告，曰：「有人於彼，修上而趨下，末僂而後耳，視若營四海，不知其誰氏之子。」老萊子曰：「是丘也，召而來。」仲尼至。曰：「丘！去汝躬矜與汝容知，斯為君子矣。」仲尼揖而退，蹙然改容而問曰：「業可得進乎？」老萊子曰：「夫不忍一世之傷而驁萬世之患。抑固窶（ㄐㄩˋ）邪，亡其略弗及邪？惠以歡為驁，終身之醜，中民之行進焉耳，相引以名，相結以隱。與其譽堯而非桀，不如兩忘而閉其所譽。反無非傷也，動無非邪也。聖人躊躇以興事，以每成功。奈何哉其載焉終矜爾！」

【譯文】

老萊子的弟子出去撿柴，遇到孔子，回來後告訴老師說：「路上有個人，上身長而下身短，背脊彎曲而耳朵後貼，目光高遠好像遍及四海，不知他是什麼人。」老萊子說：「那是孔丘，去叫他來。」孔子來了。老萊子說：「孔丘，去除你矜持的行為與你機智的容貌，這樣就可以成為君子了。」孔子向他作揖，退後幾步，恭敬地改變神色說：「我的德業可以用世嗎？」老萊子說：「不忍心見到一世的傷痛，卻輕忽了萬世的禍患，這是天賦受限呢，還是智謀不及呢？喜歡做輕忽禍患的事，結果帶來終身的恥辱，那只能算是平庸之人的行徑，以聲名相招引，以私利相結合。與其稱讚堯而責怪桀，不如遺忘兩者，不說是非。違反本性，無不造成傷害；動搖本性，無不造成缺失。聖人小心謹慎從事作為，以此謀求成功。為什麼你總是驕矜自己的行為呢！」

關於老萊子，司馬遷在《史記・老子韓非列傳》，說老子是周朝史官老聃，但另有二說，其中有楚國隱者老萊子。魏朝王肅所編的《孔子家語・弟子行》孔子評論十位賢者，其中有老萊子，他言行恰當，貧而能樂，應該是一位有道之士。本章老萊子要孔子去除矜持的行為與機智的容貌，就可以成為君子。至於德業能否用世，則差距甚大，因為孔子推廣的禮樂教化或許可以救治一世的人，但後遺症是萬世的禍患。這是我們多次見到的題材，就是由倡行仁義而導致虛偽之風，最後人與人相食。聖人是不會這麼做的。

26・6

宋元君夜半而夢人被（ㄆㄧ）髮闚阿門，曰：「予自宰路之淵，予為清江使河伯之所，漁者余且得予。」元君覺，使人占之，曰：「此神龜也。」君曰：「漁者有余且乎？」左右曰：「有。」君曰：「令余且會朝。」明日，余且朝。君曰：「漁何得？」對曰：「且之網得白

龜焉，其圓五尺。」君曰：「獻若之龜。」龜至，君再欲殺之，再欲活之，心疑，卜之，曰：「殺龜以卜吉。」乃刳（ㄎㄨ）龜，七十二鑽而無遺筴（ㄘㄜˋ）。仲尼曰：「神龜能見夢於元君，而不能避余且之網；知能七十二鑽而無遺筴，不能避刳腸之患。如是，則知有所困，神有所不及也。雖有至知，萬人謀之。魚不畏網而畏鵜（ㄊㄧˊ）鶘（ㄏㄨˊ）；去小知而大知明，去善而自善矣。嬰兒生無石師而能言，與能言者處也。」

【譯文】

宋元君半夜夢見有人披頭散髮，在側門邊窺視，並且說：「我來自名為宰路的深淵，我被清江之神派往河伯那裡去，漁夫余且捉住了我。」宋元君醒來，叫人占卜這個夢，卜者說：「這是神龜啊。」國君說：「漁夫有叫余且的嗎？」左右的人說：「有。」國君說：「命令余且來朝見。」第二天，余且上朝。國君說：「你捕到什麼？」余且說：「我網住了一隻白龜，直徑有五尺長。」國君說：「把你的龜獻上來。」龜獻上之後，國君又想殺牠，又想養牠，心中猶豫不決，叫人來占卜，卜者說：「殺龜用來占卜，吉利。」於是挖去龜肉，用龜甲占卜，七十二次都沒有失誤。孔子說：「神龜能夠託夢給宋元君，卻不能避開余且的漁網；牠的智巧能夠占卜七十二次都沒有失誤，卻不能避開挖肉的禍患。這樣看來，智巧有窮盡之時，神妙有不及之處。即使有最高的智巧，也避不開萬人的謀害。魚不害怕漁網而害怕鵜鶘；摒棄小智巧，大智巧就顯露出來；摒棄善行，自己就會走上善途了。嬰兒生下來，沒有高明的老師而可以學會說話，那是因為與會說話的人相處在一起。」

莊子是宋國人，他筆下的宋元君除了喜歡看特技表演（〈徐無鬼 24．7〉），還能分辨誰是真正的畫師（〈田子方 21．7〉。現在他夢到白龜，該怎麼辦呢？古人預知未來吉凶，有三種常用的方法：夢占（人的夢）、龜卜（動物的代表）、蓍占（植物的代表）。本章全用到了。以夢占來說，〈田子方 21．8〉周文王想任用臧丈人時，就聲稱自己作夢，要占夢之吉凶；其實作夢本身已有吉凶之兆。本章宋元君夢醒之後，同樣叫人占卜此夢。這時使用的應是蓍占，以《易經》卦爻辭來解。河南羑里附近今日尚有蓍草可見。宋元君下令余且交出捕獲的大白龜，然後新的問題出來了：要養牠，以備來日之用？還是立刻殺了，取其殼來占卜？就此問題再占，應該還是用蓍占，結果是「殺龜以卜吉。」然後用此龜甲連占七十二次皆無失誤。

這一段話有些複雜，重要的是孔子對此事的評論。神龜可以託夢給宋元君，卻避不開余且的漁網；牠的殼連占七十二次無誤，卻不能免於一死。因此，「雖有至知，萬人謀之」。三個臭皮匠有可能勝過一個諸葛亮，何況萬人來對付你？賣弄小智巧實在比不上活得平安的大智慧。

最後的兩個比喻是：一，魚的智巧可以分辨鵜鶘帶來的危險，但真正使魚無所逃避的是漁網。二，嬰兒與父母家人一起生活，自然就學會說話，不必另外尋找高明的老師。結論是：不必倚仗像魚那種小智巧，而要順其自然，平凡而安全。

172〈外物 26・7—26・8〉

順人而不失己的作風

〈外物〉第七章、第八章。第七章是莊子與惠子的簡短討論，主題是無用其實並非真的無用。第八章強調至人的作為是「順人而不失己」，以及學者的缺失是「尊古而卑今」。

26・7

惠子謂莊子曰：「子言無用。」莊子曰：「知無用而始可與言用矣。夫地非不廣且大也，人之所用容足耳。然則廁足而墊之致黃泉，人尚有用乎？」惠子曰：「無用。」莊子曰：「然則無用之為用也亦明矣。」

【譯文】

惠子對莊子說：「你的言論都是無用的。」莊子說：「懂得無用的人，才可以與他談有用。譬如地，不能不說是既廣且大，人所用的只是立足之地而已。但是，如果把立足以外的地方都挖掘直到黃泉，那麼人的立足之地還有用處嗎？」惠子說：「無用。」莊子說：「那麼無用的用處也就很清楚了。」

本章是惠子與莊子的對話，惠子說了兩句話六個字，所以談不上是辯論。惠子在〈逍遙遊 1・13〉已經說過莊子的話「大而無用」，莊子當時的回答是：有用常陷入困境，無用反而沒有煩惱。本章惠子再度批評莊子的話「無用」。莊子這次針對問題，回答說：懂得無用，才可以談有用。譬如，現在對我有用的只有立足之地（如我的房間、周圍商店、市區附近，與工作場所而已），但是把立足之地以外的地方（也就是現在無用之地）全部化為虛無，那麼我的有用之地還有什麼用呢？如果沒有世界上 99.99% 的無用之地，我現在的有用之地也無所可用了。

因此談到有用與無用，必須把時間拉長，並把空間放大。現在無用的，將來可能有用；這裡無用的，別處可能有用。

26・8

莊子曰：「人有能遊，且得不遊乎？人而不能遊，且得遊乎？夫流遁之志，決絕之行，噫其非至知厚德之任與！覆墜而不反，火馳而不顧。雖相與為君臣，時也，易世而無以相賤。故曰：至人不留行焉。夫尊古而卑今，學者之流也。且以狶韋氏之流觀今之世，夫孰能不波，唯至人乃能遊於世而不僻，順人而不失己。彼教不學，承意不彼。」

【譯文】

莊子說：「人如果能順從本性，哪裡有不順適的呢？人如果不能順從本性，哪裡有順適的呢？至於流蕩隱遁的志向，決絕棄世的行動，大概不是智慧高超、稟賦深厚的人會採用的！世間的人一陷溺就不再回來，一走錯就不再回頭。即使在世間有的做君、有的做臣，也只是時運而已，世代一變遷就沒有貴賤之分了，所以說，至人是不會執著的。尊崇古人而輕視今人，這是學者的過失。並且，由狶韋氏之類的古人來看當今之世，誰能夠沒有偏頗呢？只有至人能夠遨遊世間而沒有偏僻，隨順眾人而不失去自我。他們所教的，不必刻意去學；明白他們的觀念，但不必因而認同。」

本章有三個重點：一，開頭所謂的「能遊，不能遊」，是指「能由，不能由」，所由的是人的本性。如果順從本性，則一切順適，反之則無路可走。因此，有智慧、重稟賦的人，不會想要隱遁或棄世。當然，他也不會陷溺或執著於世間的價值與名位。二，學者的過失是「尊古而卑今」，難免尊崇古人而輕視今人。學者確實很容易有此過失，但也須稍加分辨。古人大都已蓋棺論定，行事與著作皆可查考，因此我們選擇極少數古人（如老子、莊子、孔子、孟子等），對其研究及推崇，毋寧是合理的。例如，北宋才子蘇軾讀了《莊子》，驚歎其高超思想，說：「吾昔有見，口未能言，今見是書，得吾心矣！」事實上，對於古人與今人，無論推崇或輕視，都要有所根據，講出理由，以昭公信。三，狶韋氏的角色在《莊子》書中值得留意。在〈大宗師 6．5〉談到自然界與人間在得「道」之後的神奇表現，首先說的就是「狶韋氏得之，以挈天地」；在〈知北遊 22．14〉談到古之人外化而內不化之後，首先舉的例子是「狶韋氏之囿」；在〈則陽 25．9〉孔子請教三人有關衛靈公諡號之事，狶韋（在此不說狶韋氏）認為另二人根本不懂。

本章以他代表古人（近似至人），然後重點是「順人而不失己」，這與「外化而內不化」是類似的意思。

173〈外物 26・9—26・10〉

得魚忘筌，得意忘言

〈外物〉第九、第十章。第九章提醒我們用減法，放空感覺與心智的活動，否則想要悟道是不可能的。第十章批評世人執著於外表與頭銜，重視人間的價值觀而受困其中。真正該做的是超越形式、把握要領，「得意而忘言」。

26・9

目徹為明，耳徹為聰，鼻徹為顫（ㄒㄧㄣ），口徹為甘，心徹為知，知徹為德。凡道不欲壅，壅則哽（ㄍㄥˇ），哽而不止則跈（ㄋㄧㄢˇ），跈則眾害生。物之有知者恃息，其不殷，非天之罪。天之穿之，日夜無降，人則顧塞其竇。胞有重閬（ㄌㄤˊ），心有天遊。室無空虛，則婦姑勃谿；心無天遊，則六鑿相攘。大林丘山之善於人也，亦神者不勝。德溢乎名，名溢乎暴，謀稽乎誸（ㄒㄧㄢˊ），知出乎爭，柴生乎守官，事果乎眾宜。春雨日時，草木怒生，銚（ㄧㄠˊ）鎒（ㄋㄡˋ）於是乎始修，草木之到植者過半，而不知其然。

【譯文】

眼睛通達就是明白，耳朵通達就是聰敏，鼻子通達就是能嗅，嘴巴通達就是品嚐，心思通達就是智巧，智巧通達就是自得。道，是不喜歡擁擠的，擁擠就會阻塞，一直阻塞就會自相衝突，自相衝突就會產生許多禍患。萬物之中有知覺的都是依賴氣息，氣息若不暢通，那不是自然的過錯。自然的氣息貫通各處，日夜都不消減，而人自己堵塞了通道。廚房要有比較空曠的地方，內心要有遨遊自然的空間。廚房沒有比較空曠的地方，婆媳就會吵架；內心沒有遨遊自然的空間，六種情緒就會互相干擾。人們喜歡山林原野，也是因為心神擋不住情緒的干擾。德行由名聲所造就，名聲由表現所促成，謀略因急促而停滯，智巧因競爭而產生，守住官能才可防衛自己，一切配合才可辦成事情。春雨及時降下來，草木蓬勃生長，於是拿了鋤具來修整田地，但是草木又再生出一大半來，人們卻不知是怎麼回事。

〈人間世 4．2〉說：「夫道不欲雜」，雜亂就會多事，多事就會煩擾，煩擾就會引起禍患，引起禍患就無法救治了。本章說：「凡道不欲壅」，擁擠就會阻塞，一直阻塞就會自相衝突，自相衝突就會產生許多禍患。這兩段話提醒我們：若要悟道，必須先在自身排除雜亂與擁擠，從「目、耳、鼻、口、心、知」入手，越單純越簡單就越能發揮作用。老子《道德經》第 48 章說「為道日損」，要以減法對待自己的官能，才有可能悟道。只要不堵塞這些通道，自然的氣息就貫通各處。歸結到內心要有「天遊」，就是有遨遊自然的地方。至於德行、名聲、謀略、智巧，根本無立足之地。如果忽略這樣的防衛，讓自己陷於雜亂與擁擠的狀況，那就好像春雨降下，草木生長，根本阻擋不了它覆蓋田地，然後悟道也將成為幻想。

26・10-1

靜默可以補病，眥（ㄗˋ）搣（ㄇㄧㄝˋ）可以休老，寧可以止遽。雖然，若是，勞者之務也，非佚者之所嘗過而問焉。聖人之所以駴（ㄒㄧㄝˋ）天下，神人未嘗過而問焉；賢人之所以駴世，聖人未嘗過而問焉；君子所以駴國，賢人未嘗過而問焉；小人所以合時，君子未嘗過而問焉。

【譯文】

靜默可以調理疾病，按摩可以防止衰老，安寧可以平息急躁。雖然如此，這些仍是勞碌的人採用的方法，而不是閒逸的人會去過問的。聖人如何改變天下，神人從來不去過問；賢人如何改變世間，聖人從來不去過問；君子如何改變國家，賢人從來不去過問；小人如何迎合時機，君子從來不去過問。

修行的方法很多，針對身體的有「靜默、按摩、安寧」，但是在閒逸的人（佚者）眼中，這些落實的辦法只能勉強維持體力，談不上提升境界。境界高的對於境界低的，無從過問也不予置評，有如「井蛙不可以語於海者」（〈秋水 17・2〉）。因此，由高而低的五個層次（神人、聖人、賢人、君子、小人），依序都是：上層從來不去過問下層怎麼做他該做的事。因為下層有所局限，無法理解真正的道理。以下會由兩方面予以說明。

26・10-2

演門有親死者，以善毀爵為官師，其黨人毀而死者半。

堯與許由天下，許由逃之；湯與務光，務光怒之，紀他聞之，帥弟子而踆（ㄘㄨㄣ）於窾水，諸侯弔之；三年，申徒狄因以踣（ㄅㄛˊ）河。荃者所以在魚，得魚而忘荃；蹄者所以在兔，得兔而忘蹄；言者所以在意，得意而忘言。吾安得夫忘言之人而與之言哉！

【譯文】

演門有個雙親過世的人，因為悲傷過度、形容枯槁而被封為官師；鄉人學他哀悽守孝，結果死了一大半人。堯要把天下讓給許由，許由逃走了；湯要把天下讓給務光，務光大發脾氣；紀他聽說這件事，帶著弟子去窾水邊隱居，諸侯知道了都去安慰他；三年之後，申徒狄仰慕他的作風，投河自盡死了。魚簍是用來捕魚的，得了魚就忘了魚簍；兔網是用來捉兔的，得了兔就忘了兔網；言語是用來表達意義的，得了意義就忘了言語。我去哪裡找到忘了言語的人，來與他說話呢！

一方面，以平凡百姓來說：演門有個人父母過世，哀慟逾恆，因而被封為官師，結果鄉人學他哀悽守孝，死了一大半人。他們只知道這樣做可以封官，而不知道守孝有其本身的價值。另一方面，以社會名流來說：他們為了避開堯與湯所讓的天下，而逃走、生氣、隱居、自盡。他們只知避開名聲與地位，而不知道如何讓自己在任何情況之下活得安適，也就是做不到〈人間世4．8〉所說的「知其不可奈何而安之若命」。人生應該超越形式，把握要領，有如「得魚忘荃、得兔忘蹄、得意忘言」。

結語則是莊子的感嘆：要去哪裡找到忘言之人來說說話呢！

〈寓言〉 第二十七

要旨

本篇談莊子的寫作方法，有「寓言、重言、卮言」，重要性自不待言。他所表達的是萬物「始卒若環，莫得其倫」，因此言說有其限制，不可拘泥。難得的是莊子對孔子的肯定，他說：「吾且不得及彼乎！」在修行方法上，則有顏成子游說的九步驟，從「野」到「大妙」，可供參考。最後，陽子居聽從老聃教誨，放下身段，以平常心與人相處。

174〈寓言 27・1〉

莊子寫作的筆法：寓言，重言，卮言

現在進展到《莊子》第二十七篇〈寓言〉。先看〈寓言〉第一章。本章談到莊子的三種寫作方法：寓言、重言、卮言。寓言中常有重言，卮言則無處不在。他對卮言的解說特別用心及生動。以下分三段敘述。

27・1-1

寓言十九，重（ㄓㄨㄥˋ）言十七，卮（ㄓ）言日出，和以天倪。寓言十九，藉外論之。親父不為其子媒；親父譽之，不若非其父者也；非吾罪也，人之罪也。與己同則應，不與己同則反；同於己為是之，異於己為非之。

【譯文】

寓言占了全書的十分之九；其中借重古人的話又占了十分之七；隨機應變的話時時出現，再以自然的分際來調和。寓言占了十分之九，是要假託外人來論說。父親不替自己的兒子作媒；父親稱讚兒子，不如別人稱讚來得可靠；這不是我的過錯，而是一般人的過錯。與自己看法相同的就附和，不與自己看法相同的就反對；跟自己相同的就肯定它，跟自己相異的就否定它。

首先，寓言是以虛擬的故事來表達想法。許多人聽到一種想法，立即不假思索就贊成或反對。如果使用寓言故事，別人聽了有趣，就會多想想其中含意，並且寓言會隨著個人生命經驗而顯示不同的意義，具有更豐富的生命力。這樣的寓言佔了全書十分之九，這是過於誇張的說法。

27・1-2

重言十七，所以已言也，是為耆（ㄑㄧˊ）艾。年先矣，而無經緯本末以期來者，是非先也。人而無以先人，無人道也；人而無人道，是之謂陳人。

【譯文】

借重古人的話占了十分之七，是為了中止爭論。因為這些是出自前輩的見解，年紀雖長，如果沒有立身處世之道留給後人參考，也就算不上長者。做人如果沒有優於別人之處，就是沒有走上人的路；做人如果沒有走上人的路，就稱之為老朽。

其次，前面說寓言占了十分之九，這裡說重言占了十分之七，因為寓言中經常使用重言，就是借重古人的話。像黃帝、堯、舜等古代帝王常被借來表達作者的想法，但是值得留意的是：借重古人次數最多的是儒家的孔子，大概因為孔子與儒家在戰國中期是聞名天下的教育團體。借重排第二的才是道家創始者老聃，但老聃上場通常都是表達悟道之言。

27・1-3

卮言日出，和以天倪，因以曼衍，所以窮年。不言則齊，齊與言不齊，言與齊不齊也。故曰無言。言無言，

終身言，未嘗言；終身不言，未嘗不言。有自也而可，有自也而不可；有自也而然，有自也而不然。惡乎然？然於然；惡乎不然？不然於不然。惡乎可？可於可；惡乎不可？不可於不可。物固有所然，物固有所可，無物不然，無物不可。非卮言日出，和以天倪，孰得其久！萬物皆種也，以不同形相禪，始卒若環，莫得其倫，是謂天均。天均者，天倪也。

【譯文】

隨機應變的話時時出現，再以自然的分際來調和，順應無窮的變化，由此可以安享天年。不用言論，則一切平等；平等的狀態加入言論，就無法平等了；用言論來說明平等的狀態，就會變得無法平等了。所以說，不要發表言論。在說話時，沒有發表言論，那麼即使終身都在說話，也未嘗說過話；即使終身都不說話，也未嘗是不說話。說可以，自有它的理由；說不可以，也自有它的理由。說對，自有它的理由；說不對，也自有它的理由。為什麼是對？對有對的道理。為什麼是不對？不對有不對的道理。為什麼是可以？可以有可以的道理。為什麼是不可以？不可以有不可以的道理。萬物本來就有它對的道理，萬物本來就有它可以的道理，沒有一物是不對的，沒有一物是不可以的。如果不是隨機應變的話時時出現，再以自然的分際來調和，又怎能維持長久！萬物各有種類，以不同形態相互傳接，開始與結果像是循環，無法找到他的端倪，這就稱為自然的均齊。自然的均齊，也就是自然的分際。

接著，卮言是隨機應變的話，再以「天倪」來調和。天倪是自然的分際，意思是：該說就說，該停就停，順應變化而毫無勉強。因為「不言則齊」，不說話，則一切理論是平等的，然後原文有一段說到「可與不可，然與不然」，在〈齊物論 2・6-7〉有高度類似的說法，可供對照。萬物只要存在，自有其理由；人只要說話，也自有其道理，又何必太過計較，這就是「卮言日出，和以天倪」。如果無法做到老子《道德經》第 2 章所謂的「不言之教」，那麼莊子的三種方法應該是可取而有成效的。

最後的結論是：萬物是一整體，其中一切循環往復，無法找到端倪，因此要以自然的均齊（天均）來看待，化解一切比較與計較，也減少人間的各種爭論。

175〈寓言 27・2—27・4〉

修行的九個層次

〈寓言〉第二、第三、第四章。第二章是莊子與惠子的對話，談到他們對孔子的評價。難得的是，莊子說他還比不上孔子呢！第三章談到曾子收入增加時，父母已經過世，他為此而心悲。孔子認為孝順實在與收入多少無關。第四章談到修行的九個層次，以及生死、命運與鬼的問題。

27・2

莊子謂惠子曰：「孔子行年六十而六十化。始時所是，卒而非之，未知今之所謂是之非五十九非也。」惠子曰：「孔子勤志服知也。」莊子曰：「孔子謝之矣，而其未之嘗言也？孔子云：『夫受才乎大本，復靈以生，鳴而當律，言而當法，利義陳乎前而好惡是非，直服人之口而已矣。使人乃以心服而不敢蘁（ㄨㄟˋ），立定天下之定。』已乎，已乎！吾且不得及彼乎！」

【譯文】

莊子對惠子說：「孔子到了六十歲時，六十年來都在與時變化。有些事開始時認為是對的，後來認為是錯的。不知現在所謂對的，不是五十九歲時認為是錯的。」惠子說：「孔子是勤於立志、善用智巧的人吧？」莊子說：「孔子已經放棄這些了，他不是說過了嗎？孔子說：『人從自然稟受本性，含藏靈氣降生於世，即使發聲合乎韻律，說話合乎法度，面對利與義時可以分辨好惡是非，也只能讓人口服而已。要讓眾人心服而不能違逆，才可以立刻使天下自然安定。』算了吧，算了吧！我還比不上他呢！」

本章莊子提及孔子的話，與〈則陽 25．8〉描寫蘧伯玉的話幾乎完全相同。惠子在回應時，說出他對孔子的印象是「勤於立志，善用智巧」。這個印象在莊子書中並不陌生。但莊子難得一見地為孔子辯護，聲稱孔子已經提升到更高層次，知道要安定天下不能只靠說話有理與分辨是非。在讓人口服之餘，還須順其自然，讓人心服。

27．3

曾子再仕而心再化，曰：「吾及親仕，三釜而心樂；後仕，三千鍾不洎（ㄐㄧˋ），吾心悲。」弟子問於仲尼曰：「若參者，可謂無所縣其罪乎？」曰：「既已縣矣。夫無所縣者，可以有哀乎！彼視三釜、三千鍾，如觀雀蚊虻相過乎前也。」

【譯文】

曾子第二次做官時，心境又起了變化。他說：「我先前做官時可以奉養雙親，只有三釜的俸祿而心裡很快樂；後來做官時，有三千鍾的俸祿而不及奉養雙親，我心裡很難過。」弟子請教孔子說：「像曾參那樣，可以說心中沒有牽掛著利祿吧？」孔子說：「已經有所牽掛了。如果是無所牽掛的人，哪裡會有哀傷呢！

他看待三釜、三千鍾，有如看到鳥雀、蚊虻從眼前飛過去一樣。」

曾子最初從政時，待遇很少但可奉養雙親，因而快樂；後來待遇大增，但雙親已經辭世，他也因而難過。前後待遇差多少呢？三釜與三千鍾差了一萬倍，但孝順在於心意而不在於錢多。孔子的評論一針見血。

27・4

顏成子游謂東郭子綦曰：「自吾聞子之言，一年而野，二年而從，三年而通，四年而物，五年而來，六年而鬼入，七年而天成，八年而不知死不知生，九年而大妙。」生有為，死也勸。公以其死也，有自也；而生陽也，無自也。而果然乎？惡乎其所適？惡乎其所不適？天有歷數，地有人據，吾惡乎求之？莫知其所終，若之何其無命也？莫知其所始，若之何其有命也？有以相應也，若之何其無鬼邪？無以相應也，若之何其有鬼邪？

【譯文】

顏成子游對東郭子綦說：「從我聽了先生的講述之後，一年而返回樸實，二年而順從世俗，三年而豁然貫通，四年而與物混同，五年而眾人來歸，六年而鬼神來聚，七年而合於自然，八年而不知死生變化，九年而抵達至為玄妙的境界。」活著有所作為，死了可以休息。眾人認為死是有由來的；而生是出於陽氣，是沒有由來的。真是如此嗎？生與死，哪一樣是適宜的？哪一樣是不適宜的？天有晦明寒暖，地有高下險易，我還要貪求什麼？

不知道生命的終結，怎能說沒有命運呢？不知道生命的起始，怎能說有命運呢？萬物彼此有相呼應的，怎能說沒有鬼神呢？萬物彼此沒有相呼應的，怎能說有鬼神呢？

本章顏成子游第三度出場，前兩次在〈齊物論 2．1〉與〈徐無鬼 24．10〉。現在他向老師報告心得，應該可以畢業了。他的修行前後九年，經過九個階段：一，返回樸實；二，順從世俗；三，豁然貫通；四，與物混同；五，眾人來歸；六，鬼神來聚，七，合於自然；八，不知死生變化；九，抵達至為玄妙的境界。

有關修行階段，可以對照〈大宗師 6．6〉女偊所說的七個層次：一，遺忘天下；二，遺忘萬物；三，遺忘生命；四，透澈通達；五，看見一個整體；六，沒有古今之分；七，不死不生的境地。如果稍加比較，可知本章較為特殊的是「眾人來歸」與「鬼神來聚」。

如果依莊子思想來分析，可知前三步（返回樸實、順從世俗、豁然貫通）接近「外化」；中間三步（與物混同、眾人來歸、鬼神來聚）接近「內不化」，就是內心悟道而不受外在所影響；最後三步（合於自然，不知死生變化，抵達至為玄妙的境界）則是「有內無外」了。

本章最後談到三個無解的問題：一，生與死是怎麼回事？起始與終結是一體之兩面嗎？二，命運是怎麼回事？對終結有所知，那不是命運嗎？對起始無所知，又哪裡有命運？三，有沒有鬼神？萬物之間有相應之事，也有不相應之事，要如何判斷鬼神是否存在？這三大問題可供思考，但難有明確的答案。

176〈寓言 27・5—27・6〉

陽子居反樸歸真，才算是老聃的學生

〈寓言〉第五、第六章。第五章討論影子的活動身不由己，人生又該何去何從？第六章老子開導陽子居要放下身段，消解傲慢，才是正確的修行之路。

27・5

眾罔兩問於景（一ㄥˇ）曰：「若向也俯而今也仰，向也括而今也被髮，向也坐而今也起，向也行而今也止，何也？」景曰：「搜搜也，奚稍問也？予有而不知其所以。予，蜩甲也，蛇蛻（ㄕㄨㄟˋ）也，似之而非也。火與日，吾屯也；陰與夜，吾代也。彼吾所以有待邪？而況乎以無有待者乎？彼來則我與之來，彼往則我與之往，彼強陽則我與之強陽。強陽者，又何以有問乎？」

【譯文】

影子旁邊的那些陰影，請教影子說：「你剛才低頭，現在抬頭；剛才束髮，現在披髮；剛才走動，現在停止；為什麼呢？」影子說：「區區小事，何必問呢？我就是這樣，但不知道是什麼緣故。我，就像蟬蛻下來的殼，蛇蛻下來的皮，很像蟬殼與蛇皮卻又不是。遇上火光與陽光，我就出現；遇到陰暗與黑夜，我就消失。形體真是我所要等待的嗎？或者我竟是無所等待的呢？它來，我便隨著它來；它去，我便隨著它去；它活動，我便隨著它活動。只是活動而已，又有什麼可問的呢？」

本章罔兩請教影子。這個畫面在〈齊物論 2．16〉出現過，當時的重點是「有待」：影子須等待一個人的「行、止、坐、起」，然後隨之變動。本章的重點是另一種有待，要等待「火與日」才會出現影子，如果是「陰與夜」，則影子消失。結論是：要等待的條件太多，跟著活動就對了。

對於這樣的活動又有什麼可問的？順其自然吧。人生許多事不必多問，問了也不會有明確答案。在很大程度上，人與影子是相似的。

27．6

陽子居南之沛，老聃西遊於秦；邀於郊，至於梁而遇老子。老子中道仰天而嘆曰：「始以汝為可教，今不可也。」陽子居不答。至舍，進盥漱巾櫛，脫屨戶外，膝行而前曰：「向者弟子欲請夫子，夫子行不閒，是以不敢。今閒矣，請問其過。」老子曰：「而睢（ㄐㄩ）睢盱（ㄒㄩ）盱，而誰與居？大白若辱，盛德若不足。」陽子居蹴然變容曰：「敬聞命矣。」其往也，舍者迎將，其家公執席，妻執巾櫛，舍者避席，煬（ㄧㄤˊ）者避竈。其反也，舍者與之爭席矣。

【譯文】

陽子居前往南方的沛地，正好老聃要去西方的秦國遊歷；他約了在郊外見面，到了梁地才遇到老子。老子在途中仰天而嘆說：「起初我以為你可以受教，現在才知道不行。」陽子居沒有回應。到了旅舍後，侍奉老子梳洗乾淨，把鞋脫在門外，跪行向前說：「剛才弟子想請教先生，先生在路上沒有空閒，所以不敢開口。現在空閒了，請指出我的過錯。」老子說：「你態度傲慢，誰要與你相處？真正潔白的人，要好像帶著黑垢；德行充實的人，要好像有所不足。」陽子居慚愧地變了臉色說：「敬聽先生的教訓了。」陽子居剛到的時候，旅舍的客人都來迎接，旅舍主人安排坐席，女主人替他拿毛巾梳子，先坐的人讓出位子，取暖的人讓出火爐。等他接受老子教訓回來以後，旅舍的客人就同他搶位子坐了。

陽子居曾經請教老聃何謂「明王之治」（〈應帝王 7．4〉）。他想的是聰明、能幹、上進這些特性，但老子告訴他要超越這一切人間的價值觀。本章陽子居再度請教老聃：為何說他不可受教？因為他尚未領悟老子以前告訴他的話，仍然肯定自己條件優越而態度傲慢。本章並用老子與老聃之名，可見確為同一人。其中「大白若辱，盛德若不足」，來自《道德經》第 41 章「大白若辱，廣德若不足」。陽子居這一次修得正果，立即放下身段，混同人群。另外，〈山木 20．11〉有「陽子之宋」一段，陽子也可能是他，可以對照參考。

〈讓王〉 第二十八

要旨

誰願意把王位讓給別人？問題更在於：讓了別人還不要，不但不要，甚至認為自己受到侮辱。這是相當極端的觀點，但是從道家「全身保真」與儒家「安貧樂道」的角度來看，卻顯得並不突兀。「日出而作，日入而息」，亦可自得其樂。何必為了射一隻麻雀而浪費「隨侯之珠」？孔子與幾位弟子在此受到表揚，並不使人意外。

177〈讓王 28．1—28．3〉

王位讓給別人，反而害人自殺

現在進展到《莊子》第二十八篇〈讓王〉。讓王就是把王位讓給別人，但是被讓的人都不願接受。先看〈讓王〉第一、第二、第三章。第一章談到堯與舜想把天下讓給人，但這些人婉拒了，理由是什麼？第二章談到周文王的祖父重視人民而放棄土地，表現讓人敬佩。第三章談到越國王子搜不願擔任國君，因為兩害相權取其輕，保命為先。

28．1-1

堯以天下讓許由，許由不受。又讓於子州支父，子州支父曰：「以我為天子，猶之可也。雖然，我適有幽憂之病，方且治之，未暇治天下也。」夫天下至重也，而不以害其生，又況他物乎！唯無以天下為者，可以託天下也。

【譯文】

堯把天下讓給許由，許由不肯接受。又把天下讓給子州支父，子州支父說：「讓我做天子，也還可以。不過，我剛好患了重病，正準備要醫治，沒有時間去治理天下。」天下是最貴重的東西，但也不能用來妨害自己的生命，更何況是其他事物呢！只有不把天下當一回事的人，才可以把天下託付給他。

堯把天下讓給許由的事，從〈逍遙遊 1．8〉開始，已經多次出現（〈徐無鬼 24．13〉，〈外物 26．10〉），這裡再度提及。許由不受之後，堯想讓給子州支父，但後者以有病待醫為理由也推辭了。如果患病而有生命危險，帝王之位豈不是鏡花水月？思考人生問題，對於生命應有三層次的看法：身體健康是必要的，心智成長是需要的，靈性修養（此即莊子之悟道而使精神展現）是重要的。在此所謂「必要」，意指：非有它不可，有它還不夠。身體要健康，但接著要往上層修行。

28．1-2

舜讓天下於子州支伯。子州支伯曰：「予適有幽憂之病，方且治之，未暇治天下也。」故天下大器也，而不以易生。此有道者之所以異乎俗者也。舜以天下讓善卷。善卷曰：「余立於宇宙之中，冬日衣皮毛，夏日衣葛絺（ㄔ）；春耕種，形足以勞動；秋收斂，身足以休食；日出而作，日入而息，逍遙於天地之間而心意自得。吾何以天下為哉？悲夫，子之不知余也。」遂不受。於是去而入深山，莫知其處。舜以天下讓其友石戶之農，石戶之農曰：「捲捲乎，后之為人，葆力之士也。」以舜之德為未至也，於是夫負妻戴，攜子以入於海，終身不反也。

【譯文】

舜把天下讓給子州支伯。子州支伯說：「我剛好患了重病，正準備要醫治，沒有時間去治理天下。」所以說，天下是最大的東西，但也不能用來交換生命，這是有道的人與俗人不同的地方。舜把天下讓給善卷。善卷說：「我處身於宇宙中，冬天穿皮毛，夏天穿細麻；春天耕種，形體得以勞動；秋天收割，身體得以安養。日出而作，日入而息，在天地之間逍遙，心滿意足，自得其樂。我要天下有什麼用呢？可悲啊！你太不了解我了！」他不肯接受。然後離開住所到深山裡去，不知去處。舜把天下讓給他的朋友石戶之農。石戶之農說：「國君的為人勤奮努力，真是個勞碌的人啊！」他認為舜的德行還不夠完美，於是夫妻二人背起家當，帶著孩子隱居海邊，一輩子都沒有回來。

接著，舜把天下讓給子州支伯（大概是子州支父的晚輩），他的回覆同樣是有病待醫，敬謝不敏。天下再怎麼偉大，能用來交換生命嗎？舜接著要讓位給善卷，善卷婉拒的理由是：自己的生活順其自然而逍遙自得，要天下做什麼？舜最後想讓位給他的朋友石戶之農，結果石戶之農舉家遷走，隱居海邊。後二人，一人「莫知其處」，一人「終身不反」。他們拒絕天子之位，並不是缺少責任感，而是明白人生首務是安頓自己的身心，活得自在安適。這些推辭的理由，可以總結為〈逍遙遊 1．8〉許由回覆堯的話：你已經治理天下，天下也已經安定了，我為什麼要取代你？我是為了名嗎？名又是什麼？這不是反諷，而是覺悟。文中善卷說的「日出而作，日入而息」，是堯時流傳的《擊壤歌》：「日出而作，日入而息，鑿井而飲，耕田而食，帝力於我何有哉！」

28・2

大（ㄊㄞˋ）王亶（ㄉㄢˇ）父居邠（ㄅㄧㄣ），狄人攻之。事之以皮帛而不受，事之以犬馬而不受，事之以珠玉而不受。狄人之所求者土地也。大王亶父曰：「與人之兄居而殺其弟，與人之父居而殺其子，吾不忍也。子皆勉居矣！為吾臣與為狄人臣奚以異！且吾聞之，不以所用養害所養。」因杖筴而去之。民相連而從之，遂成國於岐山之下。夫大王亶父，可謂能尊生矣。能尊生者，雖貴富不以養傷身，雖貧賤不以利累形。今世之人居高官尊爵者，皆重失之，見利輕亡其身，豈不惑哉！

【譯文】

大王亶父住在邠地，狄人來攻打他。他送上獸皮財帛，狄人不接受；送上犬馬畜牲，狄人不接受；送上珍珠寶玉，狄人不接受；狄人想要得到的是土地。大王亶父說：「與人民的兄長居住在一起，而讓弟弟去犧牲；與人民的父親居住在一起，而讓兒子去犧牲，我不忍心啊。你們老百姓努力在此安居吧！做我的臣民與做狄人的臣民，又有什麼差別呢！並且我曾聽說過，不要為了養生的土地而傷害到所養的人民。」於是他拄著拐杖離開了。人民扶老攜幼跟隨著他，到了岐山下又成立了一個國家。大王亶父可以說是能夠尊重生命了。能夠尊重生命的人，即使富貴也不會因為享受而傷身，即使貧賤也不會因為求利而受困。現在世間位居高官要職的人，都唯恐失去官職，見到利益就輕易忘記了身體的處境，這不是迷惑嗎！

本章所述為周文王祖父之事。大王亶父所居之邠，處在戎、狄之間。狄人來打，他送上「皮帛、犬馬、珠玉」皆不被接受，因為狄人要的是土地。大王不願百姓為土地而戰爭死傷，就勸導百姓留在故土生活，自己離開了。結果百姓追隨著他，到岐山下定居。莊子肯定亶父尊重生命，毫不考慮富貴與貧賤。不像戰國中期的許多人那麼迷惑，見到利益就忘了自身的處境。

28・3

越人三世弒其君，王子搜患之，逃乎丹穴。而越國無君，求王子搜不得，從之丹穴。王子搜不肯出，越人薰之以艾，乘以王輿。王子搜援綏登車，仰天而呼曰：「君乎，君乎！獨不可以舍我乎！」王子搜非惡為君也，惡為君之患也。若王子搜者，可謂不以國傷生矣，此固越人之所欲得為君也。

【譯文】

越國人已經殺害了連續三代的國君，王子搜很擔心，就逃到山洞裡去。越國人沒有國君，找不到王子搜，最後跟蹤到了山洞。王子搜不肯出來，越國人就用艾草去薰他，並讓他坐上國君的座車。王子搜拉著扶繩上車，仰天呼喊說：「國君啊，國君啊！難道不可以放過我嗎？」王子搜不是厭惡做國君，而是厭惡做國君所帶來的禍患。像王子搜這樣的人，可以說是不肯為了國家而傷害生命。這也正是越國人要他做國君的原因。

王子搜（無顓）之前的越國國君接連三位被弒，所以他為了保命而逃亡。他被搜出來之後所呼喊的「君乎，君乎！獨不可以舍我乎！」在此「君」可指國君之位，也可以指主宰人間的力量（如「人窮則呼天」）。他寧願活著，也不願做國君而被殺。如此，他上位之後，應該會與民休息，相安無事。

178〈讓王 28・4〉

誰願意用一隻手換天下？

〈讓王〉第四章。本章談到韓國與魏國爭奪邊境土地的事。我們所知的背景是：春秋時代初期晉文公（636-628B.C.在位）稱霸，國勢最強。到後來韓、趙、魏三家分晉，成為戰國七雄中的三國。這三國之間亦常有戰爭。本章子華子開導昭僖侯：即使稱霸天下也比不上身心健全。

28・4

韓、魏相與爭侵地。子華子見昭僖侯，昭僖侯有憂色。子華子曰：「今使天下書銘於君之前，書之言曰：『左手攫（ㄐㄩㄝˊ）之則右手廢，右手攫之則左手廢。然而攫之者必有天下。』君能攫之乎？」昭僖侯曰：「寡人不攫也。」子華子曰：「甚善！自是觀之，兩臂重於天下也，身亦重於兩臂。韓之輕於天下亦遠矣，今之所爭者，其輕於韓又遠。君固愁身傷生以憂戚不得也！」僖侯曰：「善哉！教寡人者眾矣，未嘗得聞此言也。」子華子可謂知輕重矣。

【譯文】

韓國與魏國正在爭奪邊境土地。子華子前去拜見韓國國君昭僖侯。昭僖侯面帶愁容。子華子說：「現在讓天下人到你面前寫下盟約，盟約上說：『左手取得盟約，則砍去右手；右手取得盟約，則砍去左手；然而取得盟約的人必定擁有天下。』您願意去奪取嗎？」昭僖侯說：「我不去奪取。」子華子說：「很好！這樣看來，兩隻手臂比天下重要，身體又比兩臂重要；韓國遠比天下為輕，現在所爭奪的土地又遠比韓國為輕，您又何必愁壞身體、危害生命，去擔心得不到這塊土地呢！」昭僖侯說：「說得好！勸我的人很多，但從來沒有聽過這樣的話。」子華子可以說是懂得輕重了。

子華子是魏國人，他在〈則陽 25・4〉出現過。當時魏王思考如何對付齊國，公孫衍主戰，季子主和，華子認為主戰的與主和的都是搗亂的人，並且說別人是亂人的，自己也是亂人。他似乎主張多一事不如少一事。然後對於國君的詢問，他只說「君求其道而已矣！」要國君依道而行，他的說法有些不著邊際。所以魏君後來因戴晉人的寓言而想開了。本章華子調解韓、魏兩國衝突，所說的話就比較落實了。他的比喻簡明有力。得盟約者得天下，但一手持盟約則須砍去另一手。請問韓侯還願意奪取盟約嗎？答案是不願意，因為兩臂勝於天下，而身體勝於兩臂。至於所爭之地遠遠小於韓國，韓國又遠遠小於天下。那麼，誰會為了爭奪一小塊邊境土地而「愁身傷生」？韓侯聽懂了，應該也想開了。

在道家眼中，人由道所得的「德」是認知能力，而一般人皆以認知為「區分」，由此產生欲望，演變為競爭、鬥爭與戰爭。所以老子在《道德經》第 3 章就宣稱「聖人之治……常使民無知無欲」。這正是因為凡人之知大多囿於「區分」，是偏差之知，而有偏差之欲；無知無欲才可免禍。老子不會反對正確之知，但要做二階段的修行。一是以認知為「避難」，就是《道德經》第 28 章所謂的「知其雄，守其雌」云云，或者強調以適當手段達成目的，如第 36 章所謂的「將欲歙之，必固張之」云云。二是以認知為「啟明」，就是由道來觀看一切。

具體做法是：由永恆看現在，由無限看此地。在無限大（至少人無法衡量）的宇宙裡面，中國有多大？〈秋水 17・2〉說：四海在於天地之間，像螞蟻洞在於大湖泊中；中國在四海之中，像小米粒在大穀倉中。然後，昭僖侯的韓國有多大？要爭的土地有多大？至於時間方面，談永恆有些抽象，但千年之後又能計較什麼？為什麼不把握人生在世的每一時刻，品味真實中的審美感受？這種觀點實與悲觀、樂觀無關，而是達觀。明白事理而善待自己。

179〈讓王 28・5—28・6〉

誰會用價值連城的寶珠去射麻雀？

〈讓王〉第五、第六章。第五章描寫賢者避開國君，先求安頓自身。第六章描寫列子安貧樂道，不受世俗利祿所惑，因而也免於災難。

28・5

魯君聞顏闔得道之人也，使人以幣先焉。顏闔守陋閭，苴（ㄐㄩ）布之衣而自飯牛。魯君之使者至，顏闔自對之。使者曰：「此顏闔之家與？」顏闔對曰：「此闔之家也。」使者致幣，顏闔對曰：「恐聽謬而遺使者罪，不若審之。」使者還反審之，復來求之，則不得已。故若顏闔者，真惡富貴也。故曰：「道之真以治身，其緒餘以為國家，其土苴以治天下。」由此觀之，帝王之功，聖人之餘事也，非所以完身養生也。今世俗之君子，多危身棄生以殉物，豈不悲哉！凡聖人之動作也，必察其所以之與其所以為。今且有人於此，以隨侯之珠彈千仞之雀，世必笑之。是何也？則其所用者重而所要者輕也。夫生者，豈特隨侯之重哉！

【譯文】

魯君聽說顏闔是一位得道的人，就派人送些錢財去致意。顏闔住在陋巷中，穿著粗布衣服，正在自己餵牛。魯君的使者來時，顏闔親自接待。使者說：「這是顏闔的家嗎？」顏闔回答說：「這是顏闔的家。」使者送上錢財，顏闔說：「恐怕你聽錯了話，將來讓你受到責罰，不如回去問個明白。」使者回去查問清楚，再來找他，卻已經不知去向了。像顏闔這樣的人，真正是厭惡富貴了。所以說：「道的真實本體是用來調理生命的，它的剩餘部分是用來治理國家的，它的殘渣部分則用來治理天下。」這樣看來，帝王的功業是聖人剩餘的事，不能用來修身養性。現在世俗的君子，多半為了追逐外物而危害身體放棄生命，豈不是很可悲！當聖人有所動作時，一定要看清楚他設定的目標與採取的方法。如果有人在此，用隨侯的寶珠去射高飛的麻雀，世人一定會取笑他。為什麼呢？因為他所用的東西貴重，而所要的東西輕賤。談到生命，難道不比隨侯的寶珠更貴重嗎？

本章所述的顏闔是魯國賢人。他在〈人間世 4．10〉曾應聘去衛國擔任太子師，為此向衛國大夫蘧伯玉請教，得到很好的建議。他善於觀察，看到東野稷為衛莊公（原為靈公太子，但因宮廷鬥爭，而在其子出公上任十二年之後，取得君位）駕馬車表演時，指出馬的力氣耗盡，將會失足（〈達生 19．12〉）。

本章描寫他在本國的一段軼事。魯君（應為哀公）派人致意，他託辭避走。莊子給予高度評價，認為求道是用來調理生命、安頓自己的（治身），富貴實為身外之物。聖人的作為是明白自己「設定的目標與採取的方法」。人生重在抉擇，本末輕重不可不辨。最後以隨侯之珠比喻寶貴的生命，用此珠去射麻雀，實為顛倒錯亂之至。但世間之人能清楚分辨這一點的實不多見。

28・6

子列子窮，容貌有飢色。客有言之於鄭子陽者曰：「列禦寇，蓋有道之士也，居君之國而窮，君無乃為不好士乎？」鄭子陽即令官遺之粟。子列子見使者，再拜而辭。使者去，子列子入，其妻望之而拊心曰：「妾聞為有道者之妻子，皆得佚樂，今有飢色。君過而遺先生食，先生不受，豈不命邪？」子列子笑謂之曰：「君非自知我也，以人之言而遺我粟，至其罪我也，又且以人之言。此吾所以不受也。」其卒，民果作難而殺子陽。

【譯文】

子列子生活窮困，面帶飢色。有人告訴鄭子陽說：「列御寇是一位有道之士，住在你的國內卻生活窮困，你難道是不喜歡賢士的人嗎？」鄭子陽立刻派官員送糧食給他。子列子接見使者，再三辭謝而不接受。使者離開後，子列子進入屋內，他的妻子責怪他，撫著胸口說：「我聽說有道之士的妻子與孩子，都能夠過著安樂的生活，現在我們卻面有飢色。相國一聽說你就派人送來糧食，你卻不接受，難道這不是命嗎？」子列子笑著對她說：「相國並不是自己了解我，他是聽了別人的話才送我糧食，將來他也可能因為聽了別人的話而加罪於我。這就是我不能接受的原因。」後來，百姓果然作亂，殺了鄭子陽。

列子是莊子筆下的好學之士，他所請教的都是悟道高人（如壺子、關尹、伯昏無人、伯昏瞀人等），這些在談到以他為名的〈列御寇〉時會再作介紹。他的修行抵達「御風而行」的水平，已讓人佩服。他是安貧樂道的人，在家餵豬，心無雜念；正如上一章的顏闔，在家餵牛，自得其樂。鄭國宰相鄭子陽聽人推薦而送米給列子，列子辭謝。其妻說了一句名言：「為有道者之妻子皆得佚樂」。但這句名言並非道家思想，也非儒家思想，而是一般的價值觀。列子不談什麼大道理，只是分析現實世界的因果關係，後來果然應驗，證明他有處世之明。有關悟道，〈天運14．8〉老子開導孔子時，說的最清楚：道無法拿來奉獻君主，敬呈父母，告訴兄弟，送給別人，因為有道者的妻與子女也須自行體悟。至於生活窮困與否，那是各人的時機與命運，莊子對此也只能安然處之。

180〈讓王 28・7〉

屠羊說的自知之明高人一等

〈讓王〉第七章。《莊子》書中讓人津津樂道的故事之一是「庖丁解牛」(〈養生主 3・2-3〉),他的宰牛手法遊刃有餘,秘訣是「依乎天理,因其固然」,因而已經由技術近於道了。宰牛有高手,宰羊也有,就是本章所介紹的屠羊說。他的高不在於技術,而在於四度推辭楚王的賞賜,使人刮目相看。以下分四段來說明。

28・7-1

楚昭王失國,屠羊說走而從於昭王。昭王反國,將賞從者,及屠羊說。屠羊說曰:「大王失國,說失屠羊;大王反國,說亦反屠羊。臣之爵祿已復矣,又何賞之有!」

【譯文】

楚昭王棄國逃亡時,有一個名叫說的屠羊人跟隨昭王出走。昭王回國復位之後,要獎賞跟隨他逃亡的人,找到屠羊說。屠羊說說:「大王喪失國土,我失去屠羊的工作;大王回國復位,我也回來繼續屠羊。我的爵位利祿已經收回來了,還有什麼可獎賞的!」

楚昭王(515-489B.C.在位)曾想聘請當時在周遊列國的孔子

（551-479B.C.），但因病去世而此事作罷。昭王在位期間，吳國曾大舉入侵，使昭王流亡在外，這正是本章背景。國君流亡時，常有一群忠心臣民跟著出奔。國君回國復位之後，對這些臣民就要論功行賞。屠羊說是出奔的百姓之一，輪到昭王要賞賜他時，他婉謝了。理由很清楚：我回國後繼續屠羊的工作，我已經收回自己的爵祿，何必還要什麼獎賞？

不論臣民，要拒絕這種師出有名的賞賜，實在是罕見的。這是首次推辭，表現了安分知足的心態。

28・7-2

王曰：「強之。」屠羊說曰：「大王失國，非臣之罪，故不敢伏其誅；大王反國，非臣之功，故不敢當其賞。」

【譯文】

昭王說：「勉強他接受。」屠羊說說：「大王失去國土，不是我的過錯，所以我不敢承受懲罰；大王回國復位，不是我的功勞，所以我不敢接受獎賞。」

昭王聽聞此事，派人勉強他接受。屠羊說的回覆很具體：大王失國與復位，我一介百姓無過也無功，因此不敢受賞。他自有一套公平賞罰的觀念，其心如秤，不受外因干擾。這是第二次推辭。

28・7-3

王曰：「見之。」屠羊說曰：「楚國之法，必有重賞大功而後得見。今臣之知不足以存國，而勇不足以死寇。吳軍入郢，說畏難而避寇，非故隨大王也。今大王欲廢法毀約而見說，此非臣之所以聞於天下也。」

【譯文】

昭王說：「叫他來見我。」屠羊說說：「楚國的法令規定，一定要受重賞、立大功的人，才能見大王。現在我的智力不足以保存國家，勇敢又不足以消滅敵人。吳軍攻入郢都時，我害怕危險而逃避敵人，並不是有心追隨大王。現在大王要破壞法令的約定來接見我，這不是我願意傳聞於天下的事。」

昭王聽聞這種回覆，就下令召見，想當面勸他受賞。屠羊說搬出法令，聲稱「大王召見」是何等重大的事，平民未立大功是不可以輕易奉召的。他也坦白承認自己智勇不足，是「畏難而避寇」，而不是有心追隨大王出奔的。然後，他還為大王設想，不希望天下人知道大王「廢法毀約」而召見我。這是多麼明是非、知進退，又愛護大王的一介平民啊！這是第三次推辭。

28・7-4

王謂司馬子綦曰：「屠羊說居處卑賤而陳義甚高，子其為我延之以三旌（ㄐㄧㄥ）之位。」屠羊說曰：「夫三旌之位，吾知其貴於屠羊之肆也；萬鍾之祿，吾知其富於屠羊之利也；然豈可以貪爵祿而使吾君有妄施之名

乎！說不敢當，願復反吾屠羊之肆。」遂不受也。

【譯文】

昭王對司馬子綦說：「屠羊說身分卑微而陳述的道理很高明，你替我延攬他來擔任三公的職位。」屠羊說說：「三公的職位，我知道它比屠羊的舖子尊貴得多；萬鍾的俸祿，我知道它比屠羊的收入豐富得多；但是我怎麼可以貪圖爵位利祿而讓國君蒙上隨便封賞的惡名呢！我不敢接受，只希望回到我屠羊的舖子。」最後還是沒有接受。

昭王至此頗受震撼，居然有人三度拒絕他的賞賜，還講得頭頭是道。身為大王，他難以想像會有這樣的一位屠羊人，「高風亮節」不足以形容。既然如此，請他擔任三公的職位。三公在周朝是指太師、太傅、太保。原文說「三旌」，在楚國也指執圭之貴族。屠羊說第四度拒絕，理由是：不願貪圖爵祿而使大王蒙上「妄施之名」。他口口聲聲為大王著想，使大王無言以對，也無計可施。他「重內輕外」到了極點，接近「舉世而譽之而不加勸」（〈逍遙遊 1・7〉）的境界了。前有解牛的庖丁，後有自在的屠羊說，莊子思想實有其普世意義。

181〈讓王 28・8—28・10〉

孔子三個窮學生各有風骨

〈讓王〉第八、第九、第十章。這三章分別評論孔子的三位弟子：原憲、曾參與顏回。他們三人的共同特色是窮困而自在。莊子對他們表示讚賞。

28・8

原憲居魯，環堵之室。茨以生草，蓬戶不完，桑以為樞；而甕牖（一ㄡˇ）二室，褐以為塞；上漏下溼，匡坐而弦。子貢乘大馬，中紺（ㄍㄢˋ）而表素，軒車不容巷，往見原憲。原憲華冠縱（ㄕˇ）履，杖藜而應門。子貢曰：「嘻！先生何病？」原憲應之曰：「憲聞之，無財謂之貧，學而不能行謂之病。今憲，貧也，非病也。」子貢逡巡而有愧色。原憲笑曰：「夫希世而行，比周而友，學以為人，教以為己，仁義之慝（ㄊㄜˋ），輿馬之飾，憲不忍為也。」

【譯文】

原憲住在魯國，居處只有方丈大小。生草蓋成的屋子，蓬蒿編成的門戶也不完整，桑條做成門樞；用破甕做窗戶，以粗布衣隔開兩個房間；屋頂漏雨，地上潮濕，他卻端坐其中彈琴唱歌。子貢騎著大馬，穿著素白的大衣，襯著天青色的內裡，巷子容不下高大的馬車，他就走進去見原憲。原憲戴著樺樹皮做的帽子，穿著沒有跟的鞋子，扶著黎杖來應門。子貢說：「哎呀！先生患了什麼病呢？」原憲說：「我聽說：『沒有錢財，叫做貧窮；讀書而不能實踐，叫做患病。』現在的我，是貧窮而不是患病。」子貢進退不得而面有愧色。原憲笑著說：「行為迎合世俗，交友親熱周旋，求學是為了讓人讚賞，教授是為了顯揚自己，假託仁義去為惡，裝飾車馬去炫耀，這些是我不忍心做的事。」

《論語・憲問》開頭說「憲問恥」，憲就是原憲，字子思，又稱原思。他是孔子看重的弟子，孔子在魯國擔任司寇時，派他為總管，勸他不要推辭俸祿，多的可以濟助家鄉的窮人（《論語・雍也》）。原憲要求自己戒除四項毛病（好勝、自誇、怨恨、貪婪），他應該在努力實踐安貧樂道。本章是他與孔門最有錢的子貢的一段對話。他是貧而非病，病是「學而不能行」。子貢聽了面有愧色。原憲的結論證明他明白儒家的真精神。莊子這樣寫，也代表他理解儒家有其可敬之處。

28・9

曾子居衛，縕袍無表，顏色腫噲（ㄎㄨㄞˋ），手足胼胝。三日不舉火，十年不製衣。正冠而纓絕，捉衿而肘見，納屨而踵決。曳縰而歌《商頌》，聲滿天地，若出金石。天子不得臣，諸侯不得友。故養志者忘形，養形者忘利，致道者忘心矣。

【譯文】

曾子住在衛國，身穿破爛絮袍，臉色浮腫有病，手腳磨出厚繭。三天沒有生火煮飯，十年沒有添製衣裳。扶正帽子，帽帶就斷掉；拉住衣襟，手肘就露出；穿上鞋子，後跟就著地。他腳上拖著破鞋，口中吟唱《商頌》，聲音充滿天地，好像出自金石樂器。天子不能以他為臣，諸侯不能與他為友。所以說，修養心志的人會忘記形體，修養形體的人會忘記利益，追求大道的人會忘記心機。

本章描寫曾參的窮困，沒有一句話不讓人心痛。但孔門弟子總有音樂相伴，上一章的原憲是：端坐於陋室彈琴唱歌。在此曾參吟唱《商頌》，「聲滿天地，若出金石」。真是有著昂揚的鬥志。「天子不得臣，諸侯不得友」，十個字道盡了讀書人的志節。結論則是莊子的三忘。在《論語．雍也》孔子稱讚顏回在貧困中「不改其樂」。曾參亦有類似的表現。

28．10

孔子謂顏回曰：「回，來，家貧居卑，胡不仕乎？」顏回對曰：「不願仕。回有郭外之田五十畝，足以給飦（ㄓㄢ）粥；郭內之田十畝，足以為絲麻；鼓琴足以自娛，所學夫子之道者足以自樂也。回不願仕。」孔子愀（ㄑㄧㄠˇ）然變容，曰：「善哉，回之意！丘聞之，『知足者，不以利自累也；審自得者，失之而不懼；行修於內者，無位而不怍。』丘誦之久矣，今於回而後見之，是丘之得也。」

【譯文】

孔子對顏回說：「顏回，你過來這兒，你家境貧窮、住處簡陋，為什麼不去做官呢？」顏回回答說：「不願做官。我在城外有五十畝田，足夠供應我要吃的稀飯。在城內有十畝田，足夠生產我要穿的絲麻；彈琴足夠我自己消遣，所學老師的道足夠我自得其樂。我不願做官。」孔子臉色一變，說：「你的心思很好啊！我聽說過：『知足的人不會為了利益而勞苦自己，自在的人遇到損失不會恐懼，修養內心的人沒有爵位也不會羞愧。』我講述這些話已經很久了，如今在你身上才見到，這是我的收穫啊。」

顏回在孔門弟子中是「德行第一、好學唯一」的。本章孔子勸顏回從政，既可為民服務，又可改善生活。但顏回自有想法：一，他認真耕田，可以勉強溫飽；二，他「鼓琴足以自娛」（音樂是不可少的）；三，他「所學夫子之道者足以自樂也」。第三點特別重要。

在《論語‧學而》，孔子鼓勵子貢在做到「貧而無諂，富而無驕」之後，還要努力提升自己，做到「貧而樂道，富而好禮」。朱熹集注的版本只說「貧而樂」三字。莊子本章是個旁證，可知「貧而樂道」是正確的。魏何晏集解的版本也是「貧而樂道」。本章結論中，孔子以三句話推許顏回，說他是「知足者，審自得者，行修於內者」，並且承認自己還未能做到這些。孔子的老師風範令人景仰。

182〈讓王 28・11—28・12〉

孔子對三個學生因材施教

〈讓王〉第十一、第十二章。第十一章瞻子提醒魏中山公子牟：凡事不可勉強，修行未到一定程度，可能造成雙重傷害。第十二章的背景是孔子在陳國、蔡國之間被圍困，子路與子貢不理解而孔子予以開導。

28・11

中山公子牟謂瞻子曰：「身在江海之上，心居乎魏闕之下，奈何？」瞻子曰：「重生。重生則利輕。」中山公子牟曰：「雖知之，未能自勝也。」瞻子曰：「不能自勝則從，神無惡乎！不能自勝而強不從者，此之謂重傷。重傷之人，無壽類矣。」魏牟，萬乘之公子也，其隱巖穴也，難為於布衣之士；雖未至乎道，可謂有其意矣。

【譯文】

中山公子牟對瞻子說：「身體處在江海之上，內心想著王室的榮華，怎麼辦呢？」瞻子說：「要看重生命。看重生命就會輕視利祿。」中山公子牟說：「雖然知道這一點，但還不能克制自己。」瞻子說：「不能克制自己就順應，心神不會有厭惡啊！不能克制自己又勉強不肯順應，就叫做雙重傷害。受到雙重傷害的人，沒有能活得下去的。」魏牟是萬乘大國的公子，他隱居在山林岩洞裡，要比平民困難得多；雖然還沒有悟道，也可以說是有志向了。

中山公子牟就是魏牟，曾在〈秋水 17・11〉開導公孫龍不要像埳井之蛙，也認為公孫龍無法理解莊子的高超思想。但魏牟身為魏國公子，要放棄富貴而隱居修行，顯然比一般人困難。他為此請教瞻子。瞻子的回答有兩個重點：一，要選擇生命還是利祿？二者擇一而行。二，若是猶豫不決，則不必勉強。如果在二者之間掙扎則是雙重傷害。結論是：心若仍在「魏闕之下」，則身何必勉強在「江海之上」？身與心的分裂是不必要的。

28・12

孔子窮於陳、蔡之間，七日不火食，藜羹不糝（ㄙㄢˇ），顏色甚憊，而弦歌於室。顏回擇菜，子路、子貢相與言曰：「夫子再逐於魯，削跡於衛，伐樹於宋，窮於商、周，圍於陳、蔡。殺夫子者無罪，藉夫子者無禁。弦歌鼓琴，未嘗絕音，君子之無恥也若此乎？」顏回無以應，入告孔子。孔子推琴，喟然而嘆曰：「由與賜，細人也。召而來，吾語之。」子路、子貢入。子路曰：「如此者，可謂窮矣！」孔子曰：「是何言也！君子通於道之謂通，窮於道之謂窮。今丘抱仁義之道以遭亂世之患，其何窮之為！故內省而不窮於道，臨難而不失其德，天寒既至，霜雪既降，吾是以知松柏之茂也。陳、蔡之隘（ㄜˋ），於丘其幸乎！」孔子削然反琴而弦歌，子路扢（ㄒㄧˋ）然執干而舞。子貢曰：「吾不知

天之高也，地之下也。」古之得道者，窮亦樂，通亦樂，所樂非窮通也，道德於此，則窮通為寒暑風雨之序矣。故許由娛於潁陽，而共伯得乎共首。

【譯文】

孔子被圍困在陳國、蔡國之間，七天沒有生火煮飯，喝的野菜湯裡沒有米粒，神情十分疲憊，但是還在屋內彈琴唱歌。顏回在屋外揀菜，子路與子貢互相談論說：「老師兩次被逐出魯國，在衛國的形跡被人抹殺，在宋國的樹下講學，連樹都被砍掉，在商朝、周朝的境內不得志，在陳國、蔡國之間又受到圍困。要殺害老師的人沒有被治罪，要侮辱老師的人沒有被制止。老師還在彈琴唱歌，沒有停止過，君子有像他這樣無恥的嗎？」顏回沒有話回答，就進屋去報告孔子。孔子推開琴，長嘆一聲說：「子路與子貢都是淺見的小人啊。叫他們進來，我來告訴他們。」子路與子貢進到屋中。子路說：「像老師這樣，可以說是窮困了吧！」孔子說：「這是什麼話！君子領悟大道的，就稱為通達；隔絕大道的，就稱為窮困。現在我懷抱仁義的理想，卻遭逢亂世的禍患，有什麼窮困的呢！所以，內心反省而沒有隔絕大道，面臨危難而沒有失去操守，在天寒地凍、霜雪降下時，我才知道松柏的茂盛。在陳國、蔡國所遭受的困阨，對我來說其實是幸運啊！」孔子平靜地又彈起琴唱著歌，子路奮勇地拿起盾牌起舞。子貢說：「我不知道天有多高，地有多厚啊。」古代得道的人，窮困時快樂，通達時也快樂，不是因為窮困與通達而快樂，而是因為他領悟了道，所以窮困與通達只是寒暑風雨的循環罷了。所以，許由能在潁陽愉快度日，共伯可以在共首山下自得其樂。

莊子對於孔子受困於陳國、蔡國之間的事，似乎津津樂道。一方面他對孔子執著於入世有所批評，另一方面他也佩服孔子在困境中堅持原則。如「七日不火食」一語四見（〈天運 14．6〉，〈山木 20．5；20．8〉，以及本章）。本章的用意是相當正面的。首先，孔子受困時，依然「弦歌於室」，這一點他的傑出弟子也都學到了。其次，子路與子貢開始時並不了解老師的心思，而是由外在遭遇來評論，甚至認為老師的表現「無恥」。學生是獨立的人，自然可以有主觀的判斷，但如此批評老師，應該是莊子的手筆。然後，顏回對老師的了解是比較深刻而正確的。他請老師回應弟子在私下的言論。孔子於是表達他的心思：君子的通達與窮困，依他是否領悟大道而定，而與他在世間的具體遭遇無關。這話擲地有聲，義正詞嚴。在世間受困正是檢驗的機會，所以這不但不是委屈，反而是幸運。這與《論語．衛靈公》孔子在同樣情況下所說的「君子固窮，小人窮斯濫矣」可以對照。子路與子貢聽懂之後，自然心悅誠服。

結論則是：古人之樂與窮通無關，而是因為悟道。值得深思的是：儒家與道家對於「道」的定義是不同的。儒家以道為人生正路，道家則以道為萬物的來源與歸宿。在本章中，這兩種道似乎並無扞格。

183〈讓王 28．13—28．15〉

伯夷、叔齊的一段史實

〈讓王〉第十三、第十四、第十五章。第十三章是舜讓王的另一段故事，結局太過極端。第十四章是商湯討伐夏桀前後，與三位賢人之間的互動，結局也讓人扼腕。第十五章以伯夷、叔齊兄弟的故事彰顯不凡的節操。

28．13

舜以天下讓其友北人無擇，北人無擇曰：「異哉，后之為人也！居於畎畝之中，而遊堯之門，不若是而已，又欲以其辱行漫我，吾羞見之。」因自投清泠（ㄌㄧㄥˊ）之淵。

【譯文】

舜把天下讓給他的朋友北人無擇，北人無擇說：「奇怪呀，國君的為人！出身於農耕之家，卻遊走於堯的朝廷，不僅如此，還想用他的醜行污辱我，我羞於見到他。」於是自己投入清泠之淵死了。

在〈讓王 28．1〉記載舜曾把天下讓給子州支伯、善卷、石戶之農，都沒有成功。本章舜把天下讓給一位朋友北人無擇。無擇很清楚舜出身平凡的農家，現在遊走於堯的朝廷。但是舜完全不知他對政治的反感，居然以為他也想從政。他就為了舜如此誤會自己，而難過生氣，甚至放棄求生念頭。這種以死明志的作為顯然過於極端。

28・14

湯將伐桀，因卞隨而謀，卞隨曰：「非吾事也。」湯曰：「孰可？」曰：「吾不知也。」湯又因務光而謀，務光曰：「非吾事也。」湯曰：「孰可？」曰：「吾不知也。」湯曰：「伊尹何如？」曰：「強力忍垢，吾不知其他也。」湯遂與伊尹謀伐桀，剋之，以讓卞隨。卞隨辭曰：「后之伐桀也謀乎我，必以我為賊也；勝桀而讓我，必以我為貪也。吾生乎亂世，而無道之人再來漫我以其辱行，吾不忍數聞也。」乃自投椆（ㄉㄧㄠˋ）水而死。湯又讓務光，曰：「知者謀之，武者遂之，仁者君之，古之道也。吾子胡不立乎？」務光辭曰：「廢上，非義也；殺民，非仁也；人犯其難，我享其利，非廉也。吾聞之曰，『非其義者，不受其祿，無道之世，不踐其土。』況尊我乎！吾不忍久見也。」乃負石而自沉於廬水。

【譯文】

商湯準備討伐夏桀，找卞隨來商議，卞隨說：「這不是我的事。」湯說：「可以找誰呢？」卞隨說：「我不知道。」湯又找務光來商議，務光說：「這不是我的事。」湯說：「可以找誰呢？」務光說：「我不知道。」湯說：「伊尹怎麼樣？」務光說：「他有毅力，可以忍受恥辱，其他的事我就不知道了。」湯於是與伊尹商議如何討伐桀，並且戰勝了，然後他要把天下讓給卞隨。卞隨推辭說：「國君討伐桀的時候，曾找我商議，一定認為我是個偏邪的人；他戰勝桀之後，要把天下讓給我，一定認為我是個貪婪的人。我生在亂世中，又讓無道的人用他的醜行污辱我，我不能忍受一再的打擾。」於是投入椆水自溺而死。湯又要讓位給務光，說：「明智的人謀劃，勇武的人成事，仁慈的人治理，這是自古以來的道理。你為什麼不肯即位呢？」務光說：「廢除君上，這是不義；殺害人民，這是不仁；別人冒險犯難，我來坐享其利，這是不廉。我聽說過，『對不義的人，不要接受他的俸祿；對無道的國家，不要踏在他的土地上。』何況是要尊我為君呢！我不忍心長期看到這樣的事。」於是背著石塊自溺於廬水。

本章講述商湯革命前後的故事。湯開始找卞隨與務光請教，沒有什麼正面回應。伊尹答應了也辦成了大業，取代了夏桀。接著，湯要把天下讓給卞隨，這個舉動使卞隨認為自己給人的印象是「賊與貪」，如此活著有何尊嚴，於是投水而死。然後，湯再找務光，還推崇他是仁者，結果呢？務光認為自己接受的話，是「非義、非仁、非廉」，現在連活在湯統治的土地上也不忍心了，然後也投水了。商湯的心態有些複雜。他事先找卞隨與務光而沒有回應，就該知道彼此「道不同」不必勉強。事後又去找他們，讓他們分別說「不忍數聞」與「不忍久見」，實在有些過分。

28・15

昔周之興，有士二人處於孤竹，曰伯夷、叔齊。二人相謂曰：「吾聞西方有人，似有道者，試往觀焉。」至於岐陽，武王聞之，使叔旦往見之，與之盟曰：「加富二等，就官一列。」血牲而埋之。二人相視而笑，曰：「嘻，異哉！此非吾所謂道也。昔者神農之有天下也，時祀盡敬而不祈喜；其於人也，忠信盡治而無求焉。樂與政為政，樂與治為治，不以人之壞自成也，不以人之卑自高也，不以遭時自利也。今周見殷之亂而遽為政，上謀而行貨，阻兵而保威，割牲而盟以為信，揚行以說眾，殺伐以要利。是推亂以易暴也。吾聞古之士，遭治世不避其任，遇亂世不為苟存。今天下闇，周德衰，其並乎周以塗吾身也，不如避之，以潔吾行。」二子北至於首陽之山，遂餓而死焉。若伯夷、叔齊者，其於富貴也，苟可得已，則必不賴。高節戾行，獨樂其志，不事於世，此二士之節也。

【譯文】

從前周朝興起時，有兩位賢士住在孤竹國，名叫伯夷、叔齊。這兩個人商量說：「聽說西方有個人，好像是個有道者，我們去看看吧。」到了岐陽，武王聽說他們來了，就派叔旦，也就是周公去相見，並與他們盟誓說：「加祿二級，授官一等。」盟約塗上牲血，埋在地下。這兩兄弟相視而笑，說：「嘻，奇怪呀！這不是我們所謂的道啊。從前神農氏治理天下時，按季節祭祀十分虔誠，但並不祈求福祐；他對待百姓，忠誠信實用心治理，但並不要求什麼。喜歡參政的就讓他參政，喜歡治理的就讓他治理。不藉別人的失敗來突顯自己的成功，不藉別人的卑賤來顯示自己的高貴，不因遭逢時機而圖謀自己的利益。現在周朝看見商朝動亂，就急著想取得政權，崇尚謀略而廣施財貨，仗恃武力而保全聲威，殺牲結盟以宣示誠信，傳播善行以取悅百姓，殺戮征伐以奪取利益，這是製造亂世來代替暴政啊。我們聽說古代的賢士，遇到治世不逃避責任，遭逢亂世不苟且偷生。現在天下黑暗，周朝德行衰敗，要是與周朝同處而污辱自己，不如避開以保持乾淨。」二人往北走到首陽山，最後在那兒餓死了。像伯夷、叔齊這樣的人，對於富貴，即使可以得到，也一定不會獲取。表現高尚的節操與不凡的行為，只以滿足自己的志向為樂，不去迎合世間的俗務，這是二位賢士的風骨。

本章講述商朝末期孤竹國兩位王子伯夷、叔齊投奔西伯（周文王）的一段史實。他們抵達岐山時，文王去世。武王準備革命，樂見賢者來歸，就派叔旦（周公）接待他們，還立約將賞賜高官厚祿。一般賢者或許滿意這種安排，但伯夷、叔齊自有其高尚理念，他們首先發現周武王與神農氏「無心而為、順其自然」的治理大不相同。

接著指出武王所做的是「推亂以易暴」，製造亂世來代替暴政，其實就是採取五種手段（崇尚謀略、仗恃武力、殺牲結盟、傳播善行、殺戮征伐）來達成有利於周朝革命的目的。本章從「周之興」開始，後面提及「周德衰」，一章之內由興而衰，責任似乎在武王以武力伐紂一事上。結論則肯定伯夷與叔齊的高尚節操。關鍵是他們可以「獨樂其志」。這與孔子在《論語・述而》說二人「求仁而得仁」，實有類似之處。

〈盜跖〉　第二十九

要旨

本篇是《莊子》全書最偏激者，對孔子所代表的儒家思想，提出犀利的批判。重點有三：一是善惡並無適當報應；二是人生在世苦多樂少；三是人性本身大有問題。這三點雖有過激之處，但也能使人覺悟，要尋求一完整而根本的理解。任何學說皆有破有立，本篇所言亦未嘗可以抹殺。

184〈盜跖 29．1—29．2〉

心如涌泉，意如飄風的盜跖

現在進展到《莊子》第二十九篇〈盜跖〉。莊子書中多為寓言與重言。他借重的古人事蹟有真有假，寫作筆法無拘無束，以表達自己獨到的見解。本篇就是很好的例子。譬如，陪同孔子前往拜訪盜跖的是顏回與子貢，而盜跖在質疑孔子時提及子路遇害之事。子路若已遇害，則顏回先他一年而死，又如何可能在此出現？這是客觀的事實，但莊子並不在意。另外，孔子與柳下惠不同時，柳下惠也與盜跖不同時，因此不妨把本篇一至六章當成小說來看，學習莊子有意表述的觀點即可。先看〈盜跖〉第一、第二章。

29．1

孔子與柳下季為友，柳下季之弟，名曰盜跖（ㄓˊ）。盜跖從卒九千人，橫行天下，侵暴諸侯，穴室樞戶，驅人牛馬，取人婦女，貪得忘親，不顧父母兄弟，不祭先祖。所過之邑，大國守城，小國入保，萬民苦之。孔子謂柳下季曰：「夫為人父者，必能詔其子；為人兄者，必能教其弟。若父不能詔其子，兄不能教其弟，則無貴父子兄弟之親矣。今先生，世之才士也，弟為盜跖，為天下害，而弗能教也，丘竊為先生羞之。丘請為先生往說之。」柳下季曰：「先生言為人父者必能詔其子，為人兄者必能教其弟，若子不聽父之詔，弟不受兄之教，

雖今先生之辯，將奈之何哉！且跖之為人也，心如涌泉，意如飄風，強足以距敵，辯足以飾非，順其心則喜，逆其心則怒，易辱人以言。先生必無往。」孔子不聽，顏回為馭，子貢為右，往見盜跖。盜跖乃方休卒徒太山之陽，膾（ㄎㄨㄞˋ）人肝而餔（ㄅㄨ）之。

【譯文】

孔子與柳下季是朋友，柳下季有個弟弟，名叫盜跖。盜跖帶著九千名部屬，橫行天下，侵犯諸侯，打家劫舍，搶人牛馬，擄人婦女，貪財忘親，不顧念父母兄弟，也不祭祀祖先。所到之處，大國嚴守城池，小國避入城堡，百姓苦不堪言。孔子對柳下季說：「為人父親的，一定能勸誡兒子；做人哥哥的，一定能教導弟弟。如果父親不能勸誡兒子，哥哥不能教導弟弟，那麼父子兄弟的親情就沒有什麼可貴了。現在先生是當代的才士，弟弟卻是盜跖，成為天下的禍害，而不能把他教好，我私下為先生覺得羞愧。我想代替你去勸說他。」柳下季說：「先生談到，為人父親的一定能勸誡兒子；做人哥哥的一定能教導弟弟；如果兒子不聽從父親的勸誡，弟弟不接受哥哥的教導，即使像先生這麼會說話，又能對他怎麼辦！而且，盜跖這個人，心思像湧泉一樣，意念像飄風一樣，強悍足以抗拒敵人，辯才足以掩飾過錯，順從他的心意他就高興，違逆他的心意他就發怒，隨易就用言語侮辱人。先生千萬不要去。」孔子不聽，讓顏回駕車，子貢在右側守護，前去拜訪盜跖。盜跖正帶著部屬在泰山南邊休息，切人的肝當作晚餐吃。

柳下季又名柳下惠，魯國人，年代早於孔子，是孔子肯定的「逸民」之一（《論語・微子》），《孟子・萬章下》推崇他為「聖之和者」。本章所述為莊子虛構。柳下季是著名賢士，其弟盜跖則為橫行天下的大盜。莊子談及「盜亦有道」時，即以盜跖為例（〈胠篋 10・2〉），他率領九千人胡作非為，「萬民苦之」。其中描寫盜跖「不顧父母兄弟，不祭先祖」，這句話大概使孔子想要開導他。柳下季知道這個弟弟「心如涌泉，意如飄風」，智謀、口才過人，狂妄、強悍嚇人，根本不是做兄長的可以指教的。孔子不聽勸阻，執意要借柳下季之名去拜訪盜跖。盜跖的「盜」字，顯然是跖惡名昭彰以後的綽號。這裡說他以人肝為晚餐，確實恐怖。

29・2

孔子下車而前，見謁者曰：「魯人孔丘，聞將軍高義，敬再拜謁者。」謁者入通，盜跖聞之大怒，目如明星，髮上指冠，曰：「此夫魯國之巧偽人孔丘非邪？為我告之：『爾作言造語，妄稱文、武，冠枝木之冠，帶死牛之脅，多辭繆說，不耕而食，不織而衣，搖脣鼓舌，擅生是非，以迷天下之主，使天下學士不反其本，妄作孝弟，而儌（ㄐㄧㄠˇ）倖於封侯富貴者也。子之罪大極重，疾走歸！不然，我將以子肝益晝餔之膳。』」孔子復通曰：「丘得幸於季，願望履幕下。」謁者復通。盜跖曰：「使來前！」孔子趨而進，避席反走，再拜盜跖。盜跖大怒，兩展其足，案劍瞋（ㄔㄣ）目，聲如乳虎，曰：「丘，來前！若所言，順吾意則生，逆吾心則

死。」孔子曰：「丘聞之，凡天下有三德：生而長大，美好無雙，少長貴賤見而皆說之，此上德也；知維天地，能辯諸物，此中德也；勇悍果敢，聚眾率兵，此下德也。凡人有此一德者，足以南面稱孤矣。今將軍兼此三者，身長八尺二寸，面目有光，脣如激丹，齒如齊貝，音中黃鐘，而名曰盜跖，丘竊為將軍恥不取焉。將軍有意聽臣，臣請南使吳、越，北使齊、魯，東使宋、衛，西使晉、楚，使為將軍造大城數百里，立數十萬戶之邑，尊將軍為諸侯，與天下更始，罷兵休卒，收養昆弟，共祭先祖。此聖人才士之行，而天下之願也。」

【譯文】

孔子到了泰山腳下下車，走到前面，對接待的人說：「魯國人孔丘，聽說將軍義行過人，特地前來拜見。」接待的人入內通報，盜跖一聽大怒，雙目生輝，怒髮衝冠，說：「這不就是魯國那個巧詐虛偽的孔丘嗎？你替我告訴他：『你隨便製造言論，任意標榜文王、武王，戴著華麗的帽子，繫著死牛的皮帶，滿口胡言亂語，不耕田就有飯吃，不織布就有衣穿，鼓動脣舌，搬弄是非，以此迷惑天下君主，讓天下讀書人不肯回歸本分，妄想藉著孝悌的行為，僥倖得到封侯及富貴。你罪大惡極，趕快回去吧！不然，我就拿你的肝當作午餐加菜了。』」孔子再度請求通報說：「我有幸認識柳下季，希望能到帳幕中拜見。」接待的人再度通報，盜跖說：「讓他進來！」孔子快步走進帳幕，又避開坐席退後幾步，向盜跖行禮拜見。盜跖大怒，伸開雙腳，手按寶劍，怒目而視，聲如小虎之吼，說：「丘，上前來！你說的話，順我的心意才可活命，逆我的心意就要處死。」孔子說：「我聽說過，天下有三種稟賦，身材長得高大，面貌美好無雙，老少貴賤看到了都喜歡的，這是上等稟賦；智力包羅天地，才幹可以處理一切事務，這是中等稟賦；勇敢強悍而果決，能夠聚集群眾、率領士兵，這是下等稟賦。普通人具備其中一種稟賦，就足以南面稱王了。現在將軍兼具這三種稟賦，身高八尺二寸，面目神采煥然，嘴唇紅潤有光，牙齒整齊如貝，聲音合乎黃鐘，但是名字卻叫盜跖，我私下為將軍感到羞愧，認為不應如此。將軍有意聽從我的建議，我願意往南出使吳國、越國，往北出使齊國、魯國，往東出使宋國、衛國，往西出使晉國、楚國，讓他們為將軍建造方圓數百里的大城，成立數十萬戶的封邑，尊奉將軍為諸侯，與天下人重新開始來往，停戰休兵，收養兄弟，一起祭祀祖先。這是聖人才士的作為，也是天下人的願望啊。」

孔子帶著兩名弟子前往盜跖的山寨拜訪。盜跖情商很差，一聽到孔子的名號就「大怒」，並且後來說話時一再如此，「大怒」共計四見。他對孔子的印象是：靠說話來迷惑天下，以求得富貴，簡直罪大惡極。孔子抬出柳下季的名號，盜跖才勉強同意接見孔子。

本段描寫孔子奉承討好的本事。短短一段敘述，六稱「將軍」，說他具備「上、中、下」三德。凡人有一德，「足以南面稱孤矣」，因此孔子主動願意為盜跖出使八國，讓大家認可他為諸侯，使天下不再受到他的威脅。孔子想以外交談判來避免戰爭，使百姓免於恐懼。這是儒家的處世原則。在《論語‧憲問》，孔子兩度為管仲辯護，正是出於類似的關懷。但是，正如孔子在〈人間世 4·4〉教導顏回的，要勸諫君侯一定要先取得對方的信任。那麼，盜跖信任孔子嗎？孔子的一番溢美之詞可以打動盜跖多少呢？

185〈盜跖 29・3—29・4〉

孔子講不過盜跖的歪理

〈盜跖〉第三、第四章。第三章表現盜跖的歷史知識，以及他對自身處境的了解。第四章表現他對時代的認識，並且從不同角度顛覆儒家的價值觀。

29・3

盜跖大怒，曰：「丘，來前！夫可規以利，而可諫以言者，皆愚陋恆民之謂耳。今長大美好，人見而說之者，此吾父母之遺德也。丘雖不吾譽，吾獨不自知邪？且吾聞之，好面譽人者，亦好背而毀之。今丘告我以大城眾民，是欲規我以利，而恆民畜我也，安可久長也！城之大者，莫大乎天下矣。堯、舜有天下，子孫無置錐之地；湯、武立為天子，而後世絕滅；非以其利大故邪？且吾聞之，古者禽獸多而人民少，於是民皆巢居以避之，晝拾橡栗，暮栖木上，故命之曰有巢氏之民。古者民不知衣服，夏多積薪，冬則煬之，故命之曰知生之民。神農之世，臥則居居，起則于于，民知其母，不知其父，與麋鹿共處，耕而食，織而衣，無有相害之心，此至德之隆也。然而，黃帝不能致德，與蚩尤戰於涿鹿之野，流血百里。堯、舜作，立群臣；湯放其主，武王殺紂。自是之後，以強陵弱，以眾暴寡。湯、武以來，皆亂人之徒也。

【譯文】

盜跖大怒，說：「丘，上前來！可以用利益勸導，並且可以用言語進諫的，都是愚笨淺陋的平常百姓。現在我身材高大，面貌美好，人們看了就喜歡，這是我父母留下的稟賦。就算你不稱讚我，我自己難道不知道嗎？並且我聽說，喜歡當面稱讚人的，也喜歡在後面毀謗人。但是，現在你告訴我建大城、聚眾民的事，是想用利益來勸導我，而把我當作平常百姓來收買，這怎麼能維持長久呢！談到大城，沒有比天下更大的了。堯、舜擁有天下，子孫卻沒有立足之地；商湯、周武王成為天子，而後代遭到滅絕。這不是因為他們利益太大的緣故嗎？並且我聽說，古代禽獸多而人口少，人們都在樹上築巢居住以躲避禽獸，白天撿拾橡栗子，晚上就睡在樹上，因此叫做有巢氏的人民。古代的人不知什麼是衣服，夏天多積存木材，冬天就燒來取暖，因此叫做知道生存的人民。神農氏的時代，睡臥時安安穩穩，起身時悠悠閒閒，人們認識自己的母親，不認識自己的父親，與麋鹿生活在一起，耕田就有飯吃，織布就有衣穿，沒有互相傷害的念頭，這是保存稟賦的最高表現。然而，黃帝不能實現這種稟賦，與蚩尤大戰於涿鹿的曠野，造成血流百里。堯、舜興起，設置百官，商湯放逐了他的君主，周武王殺了商紂。從此以後，強大欺凌弱小，多數殘害少數。自商湯、周武王以來，都是禍害百姓的人啊。

盜跖對孔子的奉承全不領情。他很清楚自己具有什麼卓越的條件，又豈是像個「愚陋恆民」，可以任由別人美言幾句就信以為真？他知道古代百姓生活情況的演變，類似〈馬蹄 9．2〉所謂的至德之世（有巢氏之民、知生之民、神農氏之世）。然後從黃帝開始不能「致德」（實現這種稟賦），往下到堯、舜、商湯、周武王，天下大亂。既然要爭，就爭天下。文中提及「以強陵弱，以眾暴寡」是歷史上常見的現象。

29．4

今子修文、武之道，掌天下之辯，以教後世；縫衣淺帶，矯言偽行，以迷惑天下之主而欲求富貴焉，盜莫大於子。天下何故不謂子為盜丘，而乃謂我為盜跖？子以甘辭說子路而使從之，使子路去其危冠，解其長劍，而受教於子，天下皆曰孔丘能止暴禁非。其卒之也，子路欲殺衛君而事不成，身菹（ㄐㄩ）於衛東門之上，是子教之不至也。子自謂才士聖人邪？則再逐於魯，削跡於衛，窮於齊，圍於陳、蔡，不容身於天下。子教子路菹此患。上無以為身，下無以為人，子之道豈足貴邪？世之所高，莫若黃帝，黃帝尚不能全德，而戰涿鹿之野，流血百里。堯不慈，舜不孝，禹偏枯，湯放其主，武王伐紂，文王拘羑（ㄧㄡˇ）里。此六子者，世之所高也，孰論之，皆以利惑其真而強反其情性，其行乃甚可羞也。

【譯文】

現在你修練學習文王、武王之道，掌握天下言論，以此教育後代百姓；穿著寬衣淺帶的儒服，言行虛偽造作，以此迷惑天下君主而求取富貴，沒有比你更大的盜賊了。天下人為什麼不叫你盜丘，而要叫我盜跖呢？你用動聽的話說服子路，讓他跟隨你，為此他脫去高冠、解下長劍，接受你的教導，天下人都說孔丘能夠消除暴行、阻止禍害。到了最後，子路想殺衛君而沒有成功，在衛國東門之上被剁成肉醬，這是你教育失敗。你自認為是才士聖人嗎？可是兩次被逐出魯國，在衛國的事蹟被抹殺，在齊國走投無路，在陳國、蔡國之間被圍困，弄得天下沒有容身之處。你教導子路，結果害他被剁成肉醬。老師在上無處容身，弟子在下無法活命，你的學說哪裡值得重視呢？世人所尊崇者，沒有超過黃帝的，而黃帝還不能保持完美的稟賦，在涿鹿的曠野大戰一場，造成血流百里。堯不慈愛，舜不孝順，禹半身不遂，湯放逐君主，武王討伐紂王，文王被囚禁在羑里。這六個人都是世人所尊崇的，詳細討論起來，也都是被利益迷惑了真正自我而極度違逆了真實本性，他們的行為是十分可恥的。

本章表達了盜跖的另類價值觀，全盤否定凡人所接受的善惡報應之說。重點有三：一，孔子欺世盜名，應該改稱「盜丘」。盜跖是搶人錢財，孔子是給人幻想。二，孔子自己無處容身，子路在下無法活命，這種學說有何意義？三，歷史上的聖君，從黃帝開始，到「堯、舜、禹、湯、文王、武王」各有嚴重缺點，都是被利益所惑而迷失本性，「其行乃甚可羞也」。

這一段話是莊子全書對儒家的嚴厲批評。帝王已如此，世間知名的仁人義士的下場也同樣不堪，這是下一章的主題。

本章有關歷史事實的背景如下：「堯不慈」：堯沒有把王位傳給其子丹朱。「舜不孝」：舜流放其父瞽瞍（其實是流放其父所愛的弟弟象）。禹偏枯：禹治水太累，中風而半身不遂。文王拘羑里：被商紂關了七年，寫下《易經》的卦辭與部分爻辭。

盜跖提出批判固然有其理由，但要反駁盜跖，也不是難事。

186〈盜跖 29．5—29．6〉

善惡無報應，徒呼奈何？

〈盜跖〉第五、第六章。第五章盜跖批評六位賢士與兩位忠臣，突顯「善有惡報」的觀念，顛覆人間的價值觀。然後強調人生苦短，應該活得快樂一點。第六章記述孔子鎩羽而歸，悵然若失。一番談話竟使他有劫後餘生之感。

29．5

世之所謂賢士，伯夷、叔齊。伯夷、叔齊辭孤竹之君，而餓死於首陽之山，骨肉不葬。鮑焦飾行非世，抱木而死。申徒狄諫而不聽，負石自投於河，為魚鼈所食。介子推至忠也，自割其股以食文公，文公後背之，子推怒而去，抱木而燔（ㄈㄢˊ）死。尾生與女子期於梁下，女子不來，水至不去，抱梁柱而死。此六子者，無異於磔（ㄓㄜˊ）犬流豕操瓢而乞者，皆離名輕死，不念本養壽命者也。世之所謂忠臣者，莫若王子比干、伍子胥。子胥沉江，比干剖心，此二子者，世謂忠臣也，然卒為天下笑。自上觀之，至於子胥、比干，皆不足貴也。丘之所以說我者，若告我以鬼事，則我不能知也；若告我以人事者，不過此矣，皆吾所聞知也。今吾告子以人之情，目欲視色，耳欲聽聲，口欲察味，志氣欲盈。人上壽百歲，中壽八十，下壽六十，除病瘦死喪憂患，其中開口而笑者，一月之中不過四五日而已矣。天

與地無窮，人死者有時，操有時之具，而託於無窮之間，忽然無異騏驥之馳過隙也。不能說其志意，養其壽命者，皆非通道者也。」丘之所言，皆吾之所棄也，亟去走歸，無復言之！子之道，狂狂汲汲，詐巧虛偽事也，非可以全真也，奚足論哉！」

【譯文】

世人所謂的賢士，要推伯夷、叔齊。伯夷、叔齊辭讓孤竹國的君位，餓死在首陽山上，屍體不得埋葬。鮑焦自命清高，非議世俗，抱樹枯立而死。申徒狄進諫不被採納，就背著石塊跳河，被魚鱉吞食。介子推最忠心，割下自己的腿肉給晉文公吃，後來文公背棄了他，他一怒而去，抱著大樹被燒死。尾生與一名女子相約在橋下見面，女子沒來，大水湧至他也不離開，抱著橋柱淹死了。這六個人無異於被屠的狗、沉河的豬、持瓢的乞丐，都是重視名聲而輕率赴死，不顧念自身應有的壽命的人。世人所謂的忠臣，要推王子比干、伍子胥。子胥沉屍江中，比干被人剖心，這二人是世人所謂的忠臣，然而終究被天下人嘲笑。由上面所說的看來，直到子胥、比干，都不值得推崇。你用來勸說我的，如果是鬼界的事，那麼我無法知道真假；如果是人間的事，也不過如此罷了，這些都是我聽過的。現在我來告訴你人的實況，眼睛想看到色彩，耳朵想聽到聲音，嘴巴想嚐到味道，志氣想得到滿足。人生在世，上壽一百歲，中壽八十歲，下壽六十歲，除了病痛、死喪、憂患之外，其中開口歡笑的時刻，一個月裡面也不過四、五天而已。天地的存在無窮無盡，人的生死卻有時限；以有時限的身體，寄託於無窮盡的天地之間，匆促的情況無異於快馬閃過空隙一樣。凡是不能讓自己的心思與情意覺得暢快，好好保養自己壽命的人，都不是通曉大道的人。你所說的那些，都是我要拋棄的，趕快回去，不要再說了！你的道理胡說一通、急功近利，全是巧詐虛偽的東西，不能用來保全真實本性，還值得談論嗎！」

本章提及世人所知的六位賢士與二位忠臣。伯夷、叔齊、鮑焦、申徒狄、介子推與尾生，這六人志節高尚、忠義可風、守信重恥，但下場皆不幸而死。王子比干與伍子胥是忠臣典型，亦死於非命。盜跖認為他們都是不明白人生道理的人。人生的道理是滿足身心的欲望，因為人生苦多樂少。在短短數十年的人生中，「開口而笑者，一月之中不過四五日而已矣」。這句話使人聞之傷感，但又不易駁斥。然後，人生在天地之間，確實是「忽然無異騏驥之馳過隙也」。這句話可以對照〈知北遊 22．7〉所謂「人生天地之間，若白駒之過郤，忽然而已」。兩者皆提及「忽然」，使人恍惚之中不知如何自處。

盜跖強調活得暢快及保養壽命，否則不算通曉大道。但盜跖自己的結局如何呢？〈駢拇 8．3〉說：「盜跖死利於東陵之上」，他也是「殘生傷性」之一例。然而，在談話當下，孔子似乎全面敗下陣來。

29．6

孔子再拜趨走，出門上車，執轡三失，目芒然無見，色若死灰，據軾低頭，不能出氣。歸到魯東門外，適遇柳下季。柳下季曰：「今者闕然，數日不見，車馬有行

色，得微往見跖邪？」孔子仰天而歎曰：「然！」柳下季曰：「跖得無逆汝意若前乎？」孔子曰：「然。丘所謂無病而自灸也，疾走料虎頭，編虎須，幾不免虎口哉。」

【譯文】

孔子再拜行禮，快步離開，走出帳幕上了車後，手中韁繩不覺掉落三次，目光茫然失焦，臉色有如死灰，靠著車前橫木，低垂著頭，氣息微弱。回到魯國東門外，剛好遇到柳下季。柳下季說：「最近不巧，幾天沒見，你的車馬好像有過遠行，該不會是去拜訪跖吧？」孔子仰天嘆了一口氣說：「是的。」柳下季說：「跖是不是像我以前說的，違背你的想法吧？」孔子說：「是的。我正是所謂的沒病自己找艾草來燒，急急忙忙跑去撩虎頭，捋虎鬚，差一點被吞入虎口。」

這個故事的結尾很簡單，孔子幾乎是落荒而逃。他回到魯國遇見柳下季，承認自己沒病找艾草來燒，自討沒趣也自找麻煩，差一點就命喪虎口。事實上，孔子早就明白「道不同不相為謀」（《論語．衛靈公》），人生理想不同的話，不必互相商議。他雖有堅毅的精神，「知其不可而為之」（《論語．憲問》），但世間像盜跖的人不在少數，儒家最好先釐清自己的理論根據，並以知行合一的實踐來向世人證明其正確。在此可以簡單補充兩點：一，孔子與孟子都強調真誠，真誠使人由內而生行善的力量，而「善」是我與別人適當關係之實現。儒家重視德行修養與社會責任，其故在此。二，有關善惡報應的問題，在經驗上與理性上都很難有確證。在儒家來說，由於人性向善，所以行善本身使人性趨於完美，也帶來快樂。行善之樂即是善報。《孟子・盡心上》指出：君子有三種快樂是勝過帝王的，就是：父母俱存，兄弟無故；仰不愧於天，俯不怍於人；得天下英才而教育之。換言之，儒家對善惡報應有一套完整說法，因此不能只由某一特定角度（如盜跖的）來予以簡單否定。

187〈盜跖 29・7—29・8〉

成王敗寇的殘酷現實

〈盜跖〉第七、第八章。這兩章是一段完整的對話。子張是孔門弟子，代表儒家立場。與他對談的滿苟得接近盜跖的立場。這樣的對話是不會有共識的。滿苟得最後說出「從天之理、與道徘徊」之類的話，似乎又接近莊子的觀點。

29・7

子張問於滿苟得曰：「盍不為行？無行則不信，不信則不任，不任則不利。故觀之名，計之利，而義真是也。若棄名利，反之於心，則夫士之為行，不可一日不為乎！」滿苟得曰：「無恥者富，多信者顯。夫名利之大者，幾在無恥而信。故觀之名，計之利，而信真是也。若棄名利，反之於心，則夫士之為行，抱其天乎！」子張曰：「昔者桀、紂貴為天子，富有天下。今謂臧聚曰，『汝行如桀、紂。』則有怍色，有不服之心者，小人所賤也。」仲尼、墨翟，窮為匹夫，今謂宰相曰，『子行如仲尼、墨翟。』則變容易色，稱不足者，士誠貴也。故勢為天子，未必貴也；窮為匹夫，未必賤也；貴賤之分，在行之美惡。」滿苟得曰：「小盜者拘，大盜者為諸侯，諸侯之門，義士存焉。昔者桓公小白殺兄入嫂，而管仲為臣，田成子常殺君竊國，而孔子受幣。論則賤之，行則下之，則是言行之情悖戰於胸中也，不

亦拂乎！故書曰：『孰惡孰美？成者為首，不成者為尾。』」

【譯文】

子張問滿苟得說：「為何不修養德行？沒有德行就不被信賴，不被信賴就不受任用，不受任用就沒有利祿。所以，從名來考慮，由利來計算，行仁義都是對的。如果撇開名利，回到內心來說，那麼讀書人的行為，也不可以一天不行仁義啊！」滿苟得說：「無恥的人富有，自誇的人顯達。獲得名利最多的人，幾乎全是靠著無恥與自誇。所以從名來考慮，由利來計算，自誇都是對的。如果撇開名利，回到內心來說，那麼讀書人的行為，應該守著自然本性啊！」子張說：「以前夏桀、商紂貴為天子，富有天下，但是現在對僕役說：『你的行為與夏桀、商紂一樣。』他就會面露愧色而心中不服，因為他們的行為連小人也看不起。孔子、墨翟是窮困的平民，但是現在對宰相說：『你的行為與孔子、墨翟一樣。』他就改變臉色，謙稱自己不夠資格，因為他們的行為是讀書人所推崇的。所以說，權勢大到天子之位，未必高貴；窮困有如一介平民，未必低賤。貴賤的區別，在於行為的好壞。」滿苟得說：「小強盜被拘捕，大強盜變成諸侯，諸侯的門下，就有仁義之士了。從前齊桓公小白殺兄娶嫂，而管仲卻做他的臣子；田成子常殺了君主竊據國家，而孔子卻接受他的賞賜。評論時輕視他，行動時卻對他表示謙下，這是言行衝突在胸中交戰，不是很矛盾嗎！所以古書上說：『誰壞誰好？成功者就是首領，不成功者只能敬陪末座了。』」

本章子張代表儒家，滿苟得代表盜跖的想法。討論的主題是：人應該實踐仁義嗎？這個主題有兩種不同的談法：一是實踐仁義有什麼好處？二是實踐仁義在人性論上有什麼根據？或者，仁義是出於人性的要求嗎？如果主張後者，就須進一步說明人性是怎麼回事？人需要何種教育？等等一系列的問題。在此，本章的談法是前一種，實踐仁義有什麼「好處」？這種談法在倫理學上稱為效益主義（Utilitarianism），意即：一件事該不該做，要看它對相關的人是否造成最大的效益。今日民主社會的選舉即是典型的效益主義：比對手多一票的人就該當選。但是用在討論「該不該行仁義」的問題，很容易淪為相對論，就是：由於難以計算「大多數人」的效益，於是每個人都以自己的觀點來判斷。譬如，子張肯定修養德行，因為如此可以被人信賴、任用，並得到利祿。但是滿苟德宣稱：無恥與自誇可以得到最大的名與利。那麼，人應該有德還是無德？

其次，子張以夏桀、商紂兩位帝王為例，對比兩位平民孔子、墨子，然後說：貴賤的區別，在於行為的好壞。

但是滿苟得以「成王敗寇」為判斷利害的原則，說齊桓公與田常做了壞事，但仍分別得到管仲與孔子的肯定，也正是「小盜者拘……」，這句話在〈胠篋 10．3〉是說成「竊鉤者誅，竊國者為諸侯，諸侯之門而仁義存焉」，意思一樣。只要達成目的，可以不擇手段。請問：他們二人的討論會有共識嗎？在此有兩點可以補充：一，滿苟得引用歷史資料，有時斷章取義，有時自由選擇他要的片面事實。如孔子在田常弒齊君之後，特地請魯君聲討田常，事見《論語．憲問》，何嘗有受其幣之事？又如管仲幫桓公「九合諸侯，一匡天下」（《論語．憲問》），由此造福天下百姓，這又與桓公個人行為好壞有何關係？二，滿苟得所謂「若棄名利，反之於心，則夫士之為行，抱其天乎！」這句話與本章他的言論如何可以並列？這應該是莊子的想法。

29・8

子張曰：「子不為行，即將疏戚無倫，貴賤無義，長幼無序；五紀六位，將何以為別乎？」滿苟得曰：「堯殺長子，舜流母弟，疏戚有倫乎？湯放桀，武王殺紂，貴賤有義乎？王季為適（ㄉㄧˊ），周公殺兄，長幼有序乎？儒者偽辭，墨子兼愛，五紀六位，將有別乎？且子正為名，我正為利。名利之實，不順於理，不監於道。吾日與子訟於無約，曰：『小人殉財，君子殉名。其所以變其情，易其性，則異矣；乃至於棄其所為而殉其所不為，則一也。』故曰，無為小人，反殉而天；無為君子，從天之理。若枉若直，相而天極；面觀四方，與時消息。若是若非，執而圓機；獨成而意，與道徘徊。無轉而行，無成而義，將失而所為。無赴而富，無殉而成，將棄而天。比干剖心，子胥抉眼，忠之禍也；直躬證父，尾生溺死，信之患也；鮑子立乾，申子不自理，廉之害也；孔子不見母，匡子不見父，義之失也。此上世之所傳，下世之所語，以為士者正其言，必其行，故服其殃、離其患也。」

【譯文】

子張說：「你不修養德行，將使親疏之間沒有倫理，貴賤之間沒有規矩，長幼之間沒有次序；五倫六紀又要怎麼區別呢？」滿苟得說：「堯殺害長子，舜放逐胞弟，親疏之間有倫理嗎？商湯流放夏桀，武王殺了紂王，貴賤之間有規矩嗎？王季立為長子，周公殺了哥哥，長幼之間有次序嗎？儒者言詞虛偽，墨者主張兼愛，五倫六紀有區別嗎？並且，你正在求名，我正在求利。名利的實質，是不合乎條理、不見於大道的。我曾與你在無約面前爭論，說：『小人為財犧牲，君子為名犧牲，他們用以改變真實、交換本性的東西不同；但是他們離棄自我而追逐外物，卻是一樣的。』所以說：不要做小人，要反過來追求你的自然；不要做君子，要依循自然的條理。或曲或直，要隨順你的自然原則；眼觀四方，要跟著時序一起變化。或是或非，掌握住圓環的樞紐；獨自修養你的意念，與大道一起進退。不要執著於德行，不要成就仁義，那將會失去你的自我。不要追逐財富，不要企求成功，那將會失去你的自然。比干被剖心，子胥被挖眼，這是盡忠的災難。直躬指證父親偷羊，尾生赴約抱柱溺死；這是守信的禍患。鮑子抱樹而枯死，申子不辯解而自縊，這是廉潔的害處。孔子未能替母親送終，匡子未能與父親見面，這是行義的過錯。這些都是前世所流傳，後世所談論的資料，認為讀書人因為言語正直、行為果決，以致受到災殃、遭到禍患啊。」

子張繼續以效益來說。要維持社會秩序，使五紀六位皆可運作。所謂五紀六位，實指五倫（君臣、父子、夫婦、兄弟、朋友）與六紀（諸父、兄弟、族人、諸舅、師長、朋友），兩者皆就人際之「疏戚、貴賤、長幼」而言，重複在所難免。但是以效益而言，滿苟得的反例又上場了，依然是各說各話。他進而假設二人在無約前爭論，但所談內容與〈駢拇 8・3〉所談類似，就是「天下莫不以物易其性矣」，都是離棄自我、追逐外物。

結論是：隨順你的自然原則（相而天極），掌握住圓環的樞紐（執而圓機），與大道一起進退（與道徘徊）。這些話都是莊子向來強調的重點，現在出自滿苟得之口，實在並不協調。最後，再度以「忠、信、廉、義」之負面效益，來駁斥子張對「仁義有利」的觀點。本章有關史實部分，稍作說明如下：一，堯殺長子：堯之長子監明早死，丹朱不成材而未接位。殺長子之事為虛構。二，舜流母弟：舜封其同父異母的弟弟象於有庳，派人代管政治與財務。流放非事實。三，王季為適：古公亶父傳位於庶子季歷，適為嫡。四，周公殺兄：周初派管叔、蔡叔監管商紂之子武庚，後一起叛周，周公平亂誅之。五，直躬證父：楚人直躬證明其父偷羊，事見《論語・子路》。六，孔子不見母：孔子十七歲時母親去世；此處所說應為仲子（陳仲子）不見母，他不恥其兄享有齊國俸祿，故不與其兄奉養之母親相見，事在《孟子・滕文公下》。匡子不見父：齊國匡章諫其父而為父所逐，事在《孟子・離婁下》。

188〈盜跖 29．9—29．10〉

有錢人其實有六大麻煩

〈盜跖〉第九、第十章。這兩章是無足與知和的對話。無足代表一般人的看法，重視財富，以為有錢就有了一切。知和認為天子亦有「不免於患」的時候，所以應該「知所以為」，知道自己為什麼要這麼做。知和後來談到富人六患，發人深省。

29．9

無足問於知和曰：「人卒未有不興名就利者。彼富則人歸之，歸則下之，下則貴之。夫見下貴者，所以長生安體樂意之道也，今子獨無意焉，知不足邪，意知而力不能行邪，故推正不妄邪？」知和曰：「今夫此人，以為與己同時而生，同鄉而處者，以為夫絕俗過世之士焉；是專無主正，所以覽古今之時，是非之分也，與俗化世。去至重，棄至尊，以為其所為也；此其所以論長生安體樂意之道，不亦遠乎！慘怛（ㄉㄚˊ）之疾，恬愉之安，不監於體；怵（ㄔㄨˋ）惕之恐，欣懽（ㄏㄨㄢ）之喜，不監於心；知為為而不知所以為，是以貴為天子，富有天下，而不免於患也。」無足曰：「夫富之於人，無所不利。窮美究勢，至人之所不得逮，賢人之所不能及，俠人之勇力而以為威強，秉人之知謀以為明察，因人之德以為賢良，非享國而嚴若君父。且夫聲色滋味權勢之於人，心不待學而樂之，體不待象而安之。

夫欲惡避就，固不待師，此人之性也。天下雖非我，孰能辭之！」

【譯文】

無足請教知和說：「人們沒有不喜歡名聲及趨向利益的。一個人有了財富，別人就會依附他，依附他就會抬舉他，抬舉他就會推崇他。受人抬舉推崇，是獲得長壽、平安、快樂的途徑，現在你竟然沒有這種想法，是認知不足呢，還是知道而能力辦不到，還是為了追求正途無暇他顧呢？」知和說：「現在有一個這樣的人，看到與自己活在同一個時代、住在同一個鄉里的，就認為他是不合世俗的人；其實這樣的人心中並無主見與正途，所以在觀察古今的時代、是非的分辨方面，只能與世俗同化。放開最重要的，拋棄最尊貴的，去追求他所想要的；這樣來談論長壽、平安、快樂的途徑，不是相距太遙遠了嗎！悲傷的痛苦、愉悅的安適，不由形體顯現出來；驚慌的恐懼、歡欣的喜悅，不由內心顯現出來。知道自己在做什麼而不知道為什麼這樣做，所以即使貴為天子，富有天下，也不能免於禍患。」無足說：「擁有財富的人，是無往不利的，可以享盡人間美好，取得一切威勢；至人無法達到，賢人不能企及。他可以靠別人的勇力來表現威強，用別人的智謀來明察是非，藉別人的德行來顯示賢良，即使沒有國土也像國君一樣威嚴。並且，人們對於聲色、美味、權勢，內心不用學習就覺得喜歡，身體不用模仿就覺得安適。愛好、厭惡、避開、趨就，本來不必教導就會，這些是人的本性。天下人雖然批評我，但是誰能去掉這些呢？」

無足首先強調人們無不愛好名與利，尤其是利。財富使人「無所不利」。有錢就可以利用別人的勇力、智謀、德行，來裝點自己的門面，即使沒有國土，也像國君一樣威嚴。人的「愛好、厭惡、避開、趨就」，是出於人的本性，全都以利之有無來決定。知和認為，要得享長壽、平安、快樂，必須知道自己在做什麼以及為何要這樣做。不然即使是天子也不能免於禍患。

29・10

知和曰：「知者之為，故動以百姓，不違其度，是以足而不爭，無以為故不求。不足故求之，爭四處而不自以為貪；有餘故辭之，棄天下而不自以為廉。廉貪之實，非以迫外也，反監之度。勢為天子，而不以貴驕人，富有天下，而不以財戲人。計其患，慮其反，以為害於性，故辭而不受也，非以要名譽也。堯、舜為帝而雍，非仁天下也，不以美害生也；善卷、許由得帝而不受，非虛辭讓也，不以事害己。此皆就其利、辭其害，而天下稱賢焉，則可以有之，彼非以興名譽也。」無足曰：「必持其名，苦體絕甘，約養以持生，則亦久病長阨而不死者也。」知和曰：「平為福，有餘為害者，物莫不然，而財其甚者也。今富人，耳營鐘鼓筦（ㄍㄨㄢˇ）籥（ㄩㄝˋ）之聲，口嗛（ㄑㄧㄢ）於芻豢醪（ㄌㄠˊ）醴之味，以感其意，遺忘其業，可謂亂矣；侅（ㄍㄞ）溺於馮氣，若負重行而上也，可謂苦矣；貪財而取慰，貪權而取竭，靜居則溺，體澤則馮，可謂疾矣；為欲富就利，故滿若堵耳而不知避，且馮而不舍，可謂辱矣。財

積而無用，服膺而不舍，滿心戚醮（ㄐㄧㄠˋ），求益而不止，可謂憂矣；內則疑劫請之賊，外則畏寇盜之害，內周樓疏，外不敢獨行，可謂畏矣。此六者，天下之至害也，皆遺忘而不知察，及其患至，求盡性竭財，單以反一日之無故而不可得也。故觀之名則不見，求之利則不得。繚意體而爭此，不亦惑乎？」

【譯文】

知和說：「智者的作為，本來就是為了百姓才行動的，不會違背他們的原則，因此滿足而不爭奪，沒有目的就無所求。不滿足就會追求，四處爭奪而不自認為貪婪；有多餘就會推辭，放棄天下而不自認為清廉。清廉及貪婪的實質，不是由於外物的影響，而須反觀內在的衡量方式。有天子的權勢，卻不以尊貴來輕視別人；有天下的財富，卻不以錢財來戲弄別人。衡量這種情況的禍患，考慮這種情況的反面，認為會傷害本性，所以推辭而不接受，並不是為了要博取名聲。堯、舜做了帝王要讓位，不是對天下仁愛，而是不想因為榮耀而傷害生命；善卷、許由得到堯、舜的讓位而不接受，不是假意要辭讓，而是不想因為政事而傷害自己。這些都是趨利避害的作為，而天下人稱讚他們賢明；固然可以說是賢明，但他們並不是為了追求名譽啊。」無足說：「如果一定要保持名聲，就勞苦形體，棄絕美食，儉約度日以維持生命，那也就無異於久病常貧而不死的人了。」知和說：「平均就是福，多餘就有害，萬物莫不如此，而錢財更是這樣。現在的有錢人，耳聽鐘鼓管籥的聲音，口嚐牛羊美酒的滋味，暢快他的心意，遺忘他的正業，可以說是迷亂了。沉溺於盛氣中，好像負重走上山坡，可以說是勞苦了。貪財而弄到生病，貪權而筋疲力竭，靜居則沉溺其中，體壯則盛氣凌人，可以說是疾病了。為了求富爭利，財貨堆積得像牆一樣高，也不知收斂，還要貪得無厭，可以說是恥辱了。錢財聚積而不用，專意營求而不捨，滿心煩惱，還在貪求不止，可以說是憂慮了。在家就擔心小偷打劫，出外就害怕強盜傷害，在家嚴密防守，出外不敢獨行，可以說是恐懼了。這六種情況，是天下最大的災害，大家都遺忘而不知詳察，等到禍患來臨時，想要挖空心思、用盡錢財，只求過一天平安的日子也不可得。所以，從名聲上說看不到，從利益上說得不著。還要委屈身心去爭取這些情況，豈不是迷惑嗎？」

知和認為智慧是衡量行為的關鍵。他所謂的「智者」，已經達到「以知為避難」的水平，因此他的清廉與貪婪並不考慮外在的影響，而是考慮內在的衡量，既不願傷害生命，也不願傷害自己，要做到「趨利避害」，而不是為了追求名譽。這是對「避難」的具體作為。他接著談富人六患，值得世人參考。一，迷亂：惑於感官享受，忘了人生的正業。二，勞苦：總是盛氣凌人，有如負重上山，不得片刻輕鬆。，三，疾病：爭權奪利，而精疲力竭，甚至疾病纏身。四恥辱：雖有錢財，仍貪求不捨，實在讓人輕蔑。五，憂慮：患得患失，坐立不安。六，恐懼：時時預防大盜小偷。這六患是「天下之至害」，富人全部碰上了，有時盼望過一天平安的日子也不可得。

看完本章，可以明白知足常樂的道理。

〈說劍〉　第三十

要旨

本篇似一短篇小說，義理較淺。莊子在此裝扮為武士，也可算是不計形象了。他分析了「天子劍、諸侯劍、庶人劍」，其格局、氣魄、眼光與口才，皆值得欣賞。趙文王或任何世間帝王皆應有所感悟。最後，一批劍士因為得不到大王賞識而自殺，亦可見某種對生命的態度，讓人覺得遺憾。

189〈說劍 30・1—30・2〉

莊子居然變成了劍客

現在進展到《莊子》第三十篇〈說劍〉。白話譯文很清楚。趙文王門下養了許多劍客，太子為此十分擔心，想找人勸說大王，結果找到了莊子。莊子如何面對這人間的難題？莊子的表現是一個「化」字，就是處世的原則：外化而內不化。

30・1

昔趙文王喜劍，劍士夾門而客三千餘人，日夜相擊於前，死傷者歲百餘人，好之不厭。如是三年，國衰。諸侯謀之。太子悝（ㄎㄨㄟˊ）患之，募左右曰：「孰能說王之意止劍士者，賜之千金。」左右曰：「莊子當能。」太子乃使人以千金奉莊子。莊子弗受，與使者俱往見太子，曰：「太子何以教周，賜周千金？」太子曰：「聞夫子明聖，謹奉千金以幣從者。夫子弗受，悝尚何敢言！」莊子曰：「聞太子所欲用周者，欲絕王之喜好也。使臣上說大王而逆王意，下不當太子，則身刑而死，周尚安所事金乎？使臣上說大王，下當太子，趙國何求而不得也！」太子曰：「然。吾王所見，唯劍士也。」莊子曰：「諾。周善為劍。」太子曰：「然吾王所見劍士，皆蓬頭突鬢（ㄅㄧㄣˋ）垂冠，曼胡之纓，短後之衣，瞋（ㄔㄣ）目而語難，王乃說之。今夫子必儒服而見王，事必大逆。」莊子曰：「請治劍服。」治

劍服三日，乃見太子。太子乃與見王，王脫白刃待之。莊子入殿門不趨，見王不拜。王曰：「子欲何以教寡人，使太子先？」曰：「臣聞大王喜劍，故以劍見王。」王曰：「子之劍何能禁制？」曰：「臣之劍，十步一人，千里不留行。」王大說之，曰：「天下無敵矣！」莊子曰：「夫為劍者，示之以虛，開之以利，後之以發，先之以至。願得試之。」王曰：「夫子休，就舍。待命令設戲請夫子。」

【譯文】

從前趙文王喜好劍術，劍士聚集在門下當食客的有三千多人。他們日夜在大王面前比武，每年死傷的有一百多人，而大王仍然喜好不倦。像這樣過了三年，國勢衰落，諸侯都準備奪取趙國。太子悝很擔心，召集左右的人說：「誰能改變大王的心意，不再讓劍士比武的，就賞給他千金。」左右的人說：「莊子應該可以做到。」太子於是派人奉上千金給莊子，莊子不接受，但是他與使者一起去見太子說：「太子對我有什麼指教，要賞賜我千金呢？」太子說：「聽說先生明智通達，我特地奉上千金，犒賞你的隨從。先生不接受，我怎麼敢說呢？」莊子說：「聽說太子要叫我做的，是斷絕大王的喜好。假使我向上勸說大王而違逆了他的心意，向下又不合太子的期望，那麼我將受刑罰而死，還要這千金做什麼？假使我上能說服大王，下能滿足太子的期望，那麼我在趙國還有什麼得不到的呢？」太子說：「確實如此。不過我們大王眼中所見的，只有劍士。」莊子說：「很好。我擅長劍術。」太子說：「不過我們大王眼中所見的劍士，都是頭髮蓬散，鬢毛突起，帽子下垂，帽纓粗亂，上衣後襟很短，怒目瞪人，出口相互責難。這樣大王才會高興。現在先生如果穿著儒服去見大王，事情一定大為不順。」莊子說：「那麼我就準備劍士的服裝。」花了三天準備劍士的服裝，然後去見太子。太子與他一起去拜見大王，大王抽出劍來等候他。莊子進了殿門沒有加快腳步，見了大王也不下拜。大王說：「你對寡人有什麼指教，還讓太子先來介紹呢？」莊子說：「臣聽說大王喜好劍術，所以帶著劍來請見大王。」大王說：「你的劍有什麼克制對手的本領？」莊子說：「臣的劍，十步之內殺一個人，千里之遠沒有阻礙。」大王高興極了，說：「真是天下無敵了！」莊子說：「用劍之道，要故意露出破綻，給予可乘之機，後於敵人發動，先於敵人擊中。我希望有機會試試。」大王說：「先生先到館舍休息，等我安排好擊劍比賽，再去請先生。」

首先，如何外化呢？從服裝開始。太子找到莊子時，他居然穿著儒服。在〈田子方 21．6〉莊子與魯哀公討論「穿儒服的是儒者嗎？」結果全魯國只有一個人合格。當時莊子穿的肯定不是儒服，才會有這樣的討論。現在他為了當面說服大王，特地花了三天製作一套劍服。莊子在〈列御寇 32．4〉被鄰居描寫為「餓得面黃肌瘦」。像他這樣，穿上劍服合適嗎？接著外化的第二步是氣勢。莊子見大王時，「入殿門不趨，見王不拜」，好像不把大王放在眼裡，讓大王不敢把他當成平凡人物。第三步是說大話。莊子說他劍一出手，「十步一人，千里不留行」，立即讓大王讚歎「天下無敵」。但七天之後要正式比武，莊子如何展現他「內不化」的智慧呢？

30・2

王乃校劍士七日，死傷者六十餘人，得五六人，使奉劍於殿下，乃召莊子。王曰：「今日試使士敦劍。」莊子曰：「望之久矣！」王曰：「夫子所御杖，長短何如？」曰：「臣之所奉皆可。然臣有三劍，唯王所用。請先言而後試。」王曰：「願聞三劍。」曰：「有天子劍，有諸侯劍，有庶人劍。」王曰：「天子之劍何如？」曰：「天子之劍，以燕谿、石城為鋒，齊、岱為鍔，晉、衛為脊，周、宋為鐔，韓、魏為鋏；包以四夷，裹以四時；繞以渤海，帶以常山；制以五行，論以刑德；開以陰陽，持以春夏，行以秋冬。此劍，直之無前，舉之無上，案之無下，運之無旁，上決浮雲，下絕地紀。此劍一用，匡諸侯，天下服矣。此天子之劍也。」文王芒然自失，曰：「諸侯之劍何如？」曰：「諸侯之劍，以知勇士為鋒，以清廉士為鍔，以賢良士為脊，以忠聖士為鐔，以豪桀士為鋏。此劍，直之亦無前，舉之亦無上，案之亦無下，運之亦無旁；上法圓天以順三光，下法方地以順四時，中和民意以安四鄉。此劍一用，如雷霆之震也，四封之內，無不賓服而聽從君命者矣。此諸侯之劍也。」王曰：「庶人之劍何如？」曰：「庶人之劍，蓬頭突鬢垂冠，曼胡之纓，短後之衣，瞋目而語難。相擊於前，上斬頸領，下決肝肺。此庶人之劍，無異於鬥雞，一旦命已絕矣，無所用於國事。今大王有天子之位而好庶人之劍，臣竊為大王薄之。」王乃牽而上殿。宰人上食，王三環之。莊子曰：

「大王安坐定氣，劍事已畢奏矣。」於是文王不出宮三月，劍士皆服斃其處也。

【譯文】

於是大王讓劍士比賽了七天，死傷的有六十多人，最後選拔出五、六個人，讓他們捧著劍侍立在殿下，再命人請莊子來。大王說：「今天請和劍士比劍。」莊子說：「盼望很久了！」大王說：「先生所用的劍，長短怎麼樣呢？」莊子說：「臣所用的劍，長短都可以。不過，臣有三把劍，任憑大王選用。請讓我先說明，然後再來比試。」大王說：「希望聽聽是哪三把劍。」莊子說：「有天子的劍，有諸侯的劍，有平民的劍。」大王說：「天子的劍是什麼樣子呢？」莊子說：「天子的劍，用燕谿、石城作劍尖，用齊國、泰山作劍刃，用晉國、衛國作劍背，用周朝、宋國作劍首，用韓國、魏國作劍柄；用邊疆四夷來包紮，用一年四季來圍裹；以渤海來纏繞，用恆山作繫帶；用五行來控制，用刑德來論斷；用陰陽來開合，用春夏來扶持，用秋冬來行使。這把劍，直刺時，無物可在前；舉起時，無物可在上；按低時，無物可在下；揮動時，無物可在旁，往上可阻絕浮雲，往下可切斷地脈。這把劍一旦使用，就可以匡正諸侯，天下順服了。這是天子的劍。」文王聽完，茫然失神，說：「諸侯的劍是什麼樣子呢？」莊子說：「諸侯的劍，用智勇之士作劍尖，用清廉之士作劍刃，用賢良之士作劍背，用忠誠之士作劍首，用豪傑之士作劍柄。這把劍，直刺時，也是無物可在前；舉起時，也是無物可在上；按低時，也是無物可在下；揮動時，也是無物可在旁；從上取法於圓天，來順服日月星三光；往下取法於方地，來順應春夏秋冬四季；在中間則調和民意，來安定四方。這把劍一旦使用，有如雷霆震動，四海之內無不降服而聽從國君的命令了。這是諸侯的劍。」大王說：「平民的劍是什麼樣子？」莊子說：「平民的劍，頭髮蓬散，鬢毛突起，帽子下垂，帽纓粗亂，上衣後襟很短，怒目瞪人，出口相互責難。他們在眾人面前比劍，上斬頭頸，下刺肝肺。這是平民的劍，與鬥雞沒有什麼不同，一旦喪命，對國家毫無用處。現在大王擁有天子之位，卻喜歡平民的劍，臣私下替大王感到不值得。」大王於是牽著莊子上殿，膳食官送上食物，大王繞席走了三圈。莊子說：「大王安靜坐下，平定氣息，關於劍術的事我已經啟奏完了。」於是文王三個月不出宮門，劍士都在住所自殺而死。

決鬥之前，莊子說他有三把劍要先向大王介紹。哪三把劍呢？天子之劍、諸侯之劍與庶人之劍。一，天子之劍配合天時（五行與四季），地利（泰山、恆山、渤海），人和（各諸侯國同心協力）。這才真是無敵之劍，可以匡正諸侯、天下順服。二，諸侯之劍也是取法天地、順應民意，但重用五種人才（智勇、清廉、賢良、忠聖、豪傑），如此亦可所向無敵。三，庶人之劍則像大王所養的一般武士，「無異於鬥雞」，輕易送死，對國家實無益處。結論則是：大王有天子之位，卻喜歡庶人之劍，實在太不值了。

聽完這番宏論，大王坐不住，繞席走了三圈。他原本欣賞鬥劍的興趣早就煙消雲散。然後不出宮門三月，劍士眼看前途無望，紛紛自殺而死。這是莊子筆下談到集體自殺的個案。政治人物念了本篇，應該會有一些感觸。本篇也體現了處世之道：外化而內不化。在外化方面，充分了解人間的狀況，明白手握大權者的心思，才可對症下藥。在內不化方面，由於悟道而不受外界干擾，可以由整體來闡釋各種難題。

〈漁父〉第三十一

要旨

本篇也像是短篇小說，但漁父並非盜跖，他給孔子的建議顯然較為正面。孔子不改其一貫的好學心態，樂於傾聽智者的言論。漁父為孔子分析「八疵四患」，勸他不必過度憂心，以免庸人自擾。文中論及「真者，精誠之至也」，以及「聖人法天貴真」，皆為莊子之意。在這段寓言中，孔子此時已六十九歲，依然好學至此，可見儒家亦有不凡之處。

190〈漁父 31・1—31・2〉

人有八種毛病，事有四種禍患

現在進展到《莊子》第三十一篇〈漁父〉。〈漁父〉的「父」要念為「輔」（ㄈㄨˇ），是對男子的尊稱。本篇敘述一位老漁夫聽到孔子弦歌鼓琴，並在了解孔子背景及身分之後，提出一連串建議，使孔子大為折服。其中的對話層層深入，顯示了莊子對儒家的理解與評價。先看〈漁父〉第一、第二章。

31・1

孔子遊乎緇（ㄗ）帷（ㄨㄟˊ）之林，休坐乎杏壇之上。弟子讀書，孔子弦歌鼓琴，奏曲未半。有漁父者，下船而來，須眉交白，被髮揄（ㄩˊ）袂，行原以上，距陸而止，左手據膝，右手持頤以聽。曲終，而招子貢、子路二人俱對。客指孔子曰：「彼何為者也？」子路對曰：「魯之君子也。」客問其族。子路對曰：「族孔氏。」客曰：「孔氏者何治也？」子路未應，子貢對曰：「孔氏者，性服忠信，身行仁義，飾禮樂，選人倫。上以忠於世主，下以化於齊民，將以利天下。此孔氏之所治也。」又問曰：「有土之君與？」子貢曰：「非也。」「侯王之佐與？」子貢曰：「非也。」客乃笑而還，行言曰：「仁則仁矣，恐不免其身；苦心勞形以危其真。嗚呼遠哉，其分於道也！」子貢還，報孔子。孔子推琴而起曰：「其聖人與！」乃下求之，至於

澤畔，方將杖拏（ㄋㄚˊ）而引其船，顧見孔子，還鄉而立。孔子反走，再拜而進。客曰：「子將何求？」孔子曰：「曩者先生有緒言而去，丘不肖，未知所謂，竊待於下風，幸聞咳唾之音，以卒相丘也！」客曰：「嘻！甚矣，子之好學也！」孔子再拜而起，曰：「丘少而修學，以至於今，六十九歲矣，無所得聞至教，敢不虛心？」

【譯文】

孔子到緇帷的樹林中遊玩，坐在杏壇上休息。弟子們讀書，孔子彈琴唱歌，一首曲子還彈不到一半。有一位漁父下船過來，鬍鬚眉毛皆已皎白，披著頭髮、捲著衣袖，他沿河岸走上來，到陸地時停下腳步，左手抵著膝蓋，右手托著下巴，靜靜聆聽。樂曲結束後，他向子貢、子路招手，二人就一起過去。漁父指著孔子說：「他是做什麼的？」子路回答說：「魯國的君子。」漁父問起姓氏。子路回答說：「是孔氏。」漁父說：「這位孔氏有什麼專長？」子路沒有回應，子貢回答說：「這位孔氏，生來持守忠信，努力實踐仁義，修飾禮樂制度，制定人倫規範。對上效忠國君，對下教化平民，想要以此造福天下。這就是孔氏的專長。」漁父又問：「他是擁有土地的君主嗎？」子貢說：「不是。」再問：「他是王侯的輔佐之臣嗎？」子貢說：「不是。」漁父笑著往回走，邊走邊說：「說仁，可以算是仁了，恐怕自身不能免於禍患；費盡心思，累壞身體，危害到自己的本性。唉！他離開道太遠了啊！」子貢回去，告訴孔子。孔子推開琴站起來說：「這是聖人啊！」於是走下杏壇去見他，到了河岸，漁父正拿著篙準備把船撐開，回頭看見孔子，就轉身面對孔子站著。孔子退後幾步，再度行禮上前。漁父說：「你有什麼事要找我嗎？」孔子說：「剛才先生的話沒說完就走了，我不夠聰明，未能了解其中的意思，特地在這裡求教，希望聽到您隨意說幾句，以對我有所幫助。」漁父說：「唉！你真是太好學了！」孔子再度行禮起身，說：「我從小就開始學習，到今天已經六十九歲了，還沒有機會聽到聖人的教誨，怎麼敢不虛心呢？」

本章開頭提到的「杏壇」，後代成為老師講台的雅稱。漁父詢問孔子的背景時，子貢的回答代表了戰國中期對孔子的共識，就是：忠信仁義之士，以禮樂人倫教化百姓，以此造福天下。有理想固然不錯，但孔子既非有土之君，也不是侯王之佐，結果無法免於禍患，又危害了自己的本性。那實在離「道」太遠了。孔子的表現是「知其不可而為之」（《論語・憲問》），莊子的作風是「知其不可奈何而安之若命」（〈人間世 4・8〉）。孔子主張「三人行，必有我師焉」（《論語・述而》），何況是見到直指自己不足的漁父？他立即覺察這可能是聖人，並上前虛心求教。當時他已經 69 歲了。

31・2

客曰：「同類相從，同聲相應，固天之理也。吾請釋吾之所有，而經子之所以。子之所以者，人事也。天子、諸侯、大夫、庶人，此四者自正，治之美也；四者離位而亂莫大焉。官治其職，人憂其事，乃無所陵。故田荒室露，衣食不足，徵賦不屬，妻妾不和，長少無序，庶

人之憂也。能不勝任，官事不治，行不清白，群下荒怠，功美不有，爵祿不持，大夫之憂也。廷無忠臣，國家昏亂，工技不巧，貢職不美，春秋後倫，不順天子，諸侯之憂也。陰陽不和，寒暑不時，以傷庶物；諸侯暴亂，擅相攘伐，以殘民人；禮樂不節，財用窮匱，人倫不飭，百姓淫亂；天子有司之憂也。今子既上無君侯有司之勢，而下無大臣職事之官，而擅飾禮樂，選人倫，以化齊民，不泰多事乎！且人有八疵，事有四患，不可不察也。非其事而事之，謂之摠（ㄗㄨㄥˇ）；莫之顧而進之，謂之佞；希意道言，謂之諂；不擇是非而言，謂之諛；好言人之惡，謂之讒；析交離親，謂之賊；稱譽詐偽以敗惡人，謂之慝；不擇善否，兩容頰適，偷拔其所欲，謂之險。此八疵者，外以亂人，內以傷身，君子不友，明君不臣。所謂四患者：好經大事，變更易常，以挂功名，謂之叨（ㄊㄠ）；專知擅事，侵人自用，謂之貪；見過不更，聞諫愈甚，謂之很；人同於己則可，不同於己，雖善不善，謂之矜。此四患也。能去八疵，無行四患，而始可教已。」

【譯文】

漁父說：「同類就互相聚集，同聲就互相呼應，這原本是自然的道理。我願意就我所知的，來剖析你所做的。你所做的，都是人事。天子、諸侯、大夫、平民，這四種人各自謹守本分，天下就大治了；這四種人都不安其位，天下就大亂了。官吏克盡職守，人民勤奮工作，就不會造成混亂。所以，田園荒蕪，房屋破敗，衣食不夠用，賦稅交不出，妻妾不和睦，長幼沒次序，這些是平民的煩惱。才幹無法勝任，官事辦理不好，行動不夠清白，屬下怠忽職守，功名不足稱讚，爵祿無法維持，這些是大夫的煩惱。朝廷沒有忠臣，國家陷於昏亂，百工技藝不精，貢品不夠完美，朝覲落於人後，不順天子心意，這些是諸侯的煩惱。陰陽不調和，寒暑不順時，傷害農作物；諸侯暴亂，擅自攻伐，殘害人民；禮樂沒有節度，財用窮困匱乏，人倫不上軌道，百姓淪於淫亂；這些是天子執政者的煩惱。現在你上沒有君侯執政的權勢，下沒有大臣主事的官職，卻擅自修飾禮樂制度，制定人倫規範，以此教化平民，不是太多事了嗎！並且，人有八種毛病，事有四種禍患，不可以不明察。不是自己的事卻要去管，叫做包攬；沒有人理會卻還要進言，叫做逞舌；揣摩別人的心意來說話，叫做諂媚；不分辨是非就說話，叫做阿諛；喜歡說別人的壞話叫做讒言；挑撥朋友，離間親人，叫做賊害；稱讚出於狡詐虛偽，藉此詆毀別人，叫做邪惡；不分辨善惡，兩邊都討好，暗中獲取自己的利益，叫做陰險。這八種毛病，對外會擾亂別人，對內會傷害自己，君子不與這樣的人做朋友，明君不用這樣的人做臣子。所謂的四種禍患是：喜歡辦理大事，改變常理常情，以此謀求功名，叫做放肆；仗恃聰明而擅自行事，侵害別人而師心自用，叫做貪婪；有了過錯卻不肯改正，聽人勸諫則變本加厲，叫做固執；別人與自己意見相同就認可，與自己意見不同就算是對的也說他錯，叫做傲慢。這是四種禍患。能夠除去八種毛病，不做四種禍患的事，然後才可以受教。」

漁父認為，天下大治的辦法很簡單，就是讓「天子、諸侯、大夫、庶人」這四種人各盡本分、各正其事。因此，道家的「無為」是指「無心而為」：一，「為」是活下去，盡本分做該做的事。天下沒有真正「無為」（不做任何事）而能活下去的人。二，「無心」：在盡本分之外，不刻意（無心）做任何事。因此，每個人做好本分的事，不作刻意的圖謀與爭奪，天下就太平了。現在，孔子用心良苦，致力於禮樂教化，其實是「多事」，多管閒事或製造麻煩。

接著，漁父指出「人有八疵，事有四患」，這種觀點是出於對人間的深入觀察與對人性弱點的認識。做人的八種毛病是「包攬、逞舌、諂媚、阿諛、讒言、賊害、邪惡、陰險」。辦事的四種禍患是「放肆、貪婪、固執、傲慢」。漁父認為，去除八疵四患之後，才可以受教。以孔子的智慧，當然一聽就明白，可謂句句入心。

191〈漁父 31・3—31・4〉

害怕自己的影子，就去大樹下吧

〈漁父〉第三、第四章。孔子聽了漁父「八疵四患」之說，立即想起自己一路以來的傷心往事，因為他立身忠信、教導仁義，一心為民、周遊列國，實在不知為何而遭四謗？漁父的回答十分精彩，後續有關「真」的討論，值得深思。

31・3

孔子愀（ㄑㄧㄠˇ）然而歎，再拜而起，曰：「丘再逐於魯，削迹於衛，伐樹於宋，圍於陳、蔡。丘不知所失，而離此四謗者何也？」客淒然變容曰：「甚矣，子之難悟也！人有畏影惡迹而去之走者，舉足愈數而迹愈多，走愈疾而影不離身，自以為尚遲，疾走不休，絕力而死。不知處陰以休影，處靜以息迹，愚亦甚矣！子審仁義之間，察同異之際，觀動靜之變，適受與之度，理好惡之情，和喜怒之節，而幾於不免矣。謹修而身，慎守其真，還以物與人，則無所累矣。今不修之身而求之人，不亦外乎！」孔子愀然曰：「請問何謂真？」客曰：「真者，精誠之至也。不精不誠，不能動人。故強哭者雖悲不哀，強怒者雖嚴不威，強親者雖笑不和。真悲無聲而哀，真怒未發而威，真親未笑而和。真在內者，神動於外，是所以貴真也。其用於人理也，事親則慈孝，事君則忠貞，飲酒則歡樂，處喪則悲哀。忠貞以

功為主，飲酒以樂為主，處喪以哀為主，事親以適為主。功成之美，無一其迹矣；事親以適，不論所以矣；飲酒以樂，不選其具矣；處喪以哀，無問其禮矣。禮者，世俗之所為也；真者，所以受於天也，自然不可易也。故聖人法天貴真，不拘於俗。愚者反此，不能法天而恤於人，不知貴真，祿祿而受變於俗，故不足。惜哉，子之蚤湛（ㄔㄣˊ）於人偽而晚聞大道也。」

【譯文】

孔子神情慚愧地嘆了一口氣，再度行禮起身，說：「我兩次被逐出魯國，在衛國的形跡被抹殺，在宋國被砍掉蔽蔭的大樹，在陳國、蔡國之間被圍困。我不知道自己犯了什麼過失，竟然遭遇這四種恥辱。」漁父悲悽地變了臉色說：「你真是太難覺悟了！有人害怕影子、厭惡足跡，想要擺脫而逃跑的，跑得越多足跡也越多，跑得越快而影子卻不離身，他自以為速度太慢，因此快跑不停，力竭而死。他不知道處於陰暗就可以讓影子消失，處於靜止就可以讓足跡不見，實在太愚笨了！你探討仁義的關係，考察同異的分別，觀測動靜的變化，掌握取捨的分寸，疏導好惡的情感，調和喜怒的節度，結果仍然不能免於禍患。你要嚴格修身，謹慎保守你的真實，讓物與人回到原狀，那麼就不會有拖累了。現在你不修身卻去要求別人，不是搞錯了嗎？」孔子神情慚愧地說：「請問什麼是真實？」漁父說：「真實，是專一而誠懇的極致狀態。不專一不誠懇，就不能感動人。所以，勉強哭泣的人雖悲痛卻不哀傷，勉強發怒的人雖嚴厲卻不威猛，勉強親切的人雖微笑卻不和悅。真正的悲痛是沒有聲音而哀傷，真正的憤怒是沒有發作而威猛，真正的親切是沒有微笑而和悅。有真實在裡面的，神色才顯露出來，所以要重視真實。把它用在人倫關係上，侍奉雙親則孝順，侍奉君主則忠貞，飲酒則歡樂，居喪則悲哀。忠貞以功績為主，飲酒以歡樂為主，居喪以悲哀為主，事親以安適為主。功績在於完美，不拘泥什麼事蹟；事親在於安適，不考慮什麼方式；飲酒在於歡樂，不講究什麼器皿；居喪在於哀傷，不計較什麼禮儀。禮儀，是世俗所設計成的；真實，是稟受於自然的，是自己如此而不可改變的。所以，聖人效法自然，重視真實，不受世俗的拘束。愚笨的人與此相反，不能效法自然，而去憂心人事；不知重視真實，卻沉沉浮浮隨俗而變。所以差得太遠了。可惜啊，你太早沉溺於世俗的虛偽中，而太晚聽聞大道了。」

孔子以自身所受的四謗（四種恥辱）為例，想知道其中緣由。為什麼一個人存心善良也力行善事，卻會受到這樣的禍患？回答這一類問題，原本有兩個途徑：一是檢討自己的方法，方法不對則難以達成目的，並且招來恥辱；二是避開此一目的，則不必考慮方法，也無從帶來後患。漁父的建議顯然是後者，他的比喻很生動：害怕影子就處在陰暗中，根本不要拋頭露面；厭惡足跡就靜止不動，誰也對你莫測高深。這一切全在自己的修養，也就是保守自己的真實，不要有刻意的作為，也就不會有所拖累。但所謂的「真」是什麼？我曾用「真誠」二字描寫儒家，並用「真實」二字描寫道家。兩者皆不離一個「真」字。漁父的解釋可謂兼顧雙方：「真者，精誠之至也。」儒家的重點是「人」：人之真即是真誠。道家的重點是「萬物」（含人在內），其

「真」則是真實。

現在談到人間事務，則以「真」為「專一而誠懇的極致狀態」。後續的舉例與說明皆依此而展開。最後，以禮儀與真實對應，認為禮儀是世俗所設計成的，真實是稟受自然的，「自然不可易也」。禮與真的這種二分法，在儒家未必認可，《論語・陽貨》「宰我問三年之喪」章，是以人間的倫理規範（三年之喪）推源於心理情感（心安與否），再推源於生理需求（子生三年，然後免於父母之懷）。換言之，禮是源出於真的，兩者不是對立關係。漁父的立場是「聖人法天貴真」（效法自然，重視真實），這無疑是莊子立場。依此判斷孔子，則孔子顯然走偏了。

31・4

孔子又再拜而起曰：「今者丘得遇也，若天幸然。先生不羞而比之服役，而身教之。敢問舍所在，請因受業而卒學大道。」客曰：「吾聞之，可與往者，與之至於妙道；不可與往者，不知其道，慎勿與之，身乃無咎。子勉之！吾去子矣，吾去子矣！」乃刺船而去，延緣葦間。顏淵還車，子路授綏，孔子不顧，待水波定，不聞拏音而後敢乘。子路旁車而問曰：「由得為役久矣，未嘗見夫子遇人如此其威也。萬乘之主、千乘之君見夫子，未嘗不分庭伉禮，夫子猶有倨敖之容。今漁父杖拏逆立，而夫子曲要磬折，再拜而應，得無太甚乎？門人皆怪夫子矣，漁父何以得此乎？」孔子伏軾而歎曰：「甚矣，由之難化也！湛於禮義有閒矣，而樸鄙之心至今未去。進，吾語汝：夫遇長不敬，失禮也；見賢不

尊，不仁也。彼非至人，不能下人。下人不精，不得其真，故長傷身。惜哉！不仁之於人也，禍莫大焉，而由獨擅之。且道者，萬物之所由也，庶物失之者死，得之者生，為事逆之則敗，順之則成。故道之所在，聖人尊之。今漁父之於道，可謂有矣，吾敢不敬乎？」

【譯文】

孔子又再度行禮起身，說：「今天我能遇見先生，像是天賜的幸運。先生不嫌棄而把我當成門人，親自教誨我；冒昧請問您的住處，希望能受業於門下，最後可以學會大道。」漁父說：「我聽說，可以結伴同行的人，就與他一起前去體驗奧妙的道；不可以結伴同行的人，他連自己的道都不清楚，就小心不要與他同行，才不會給自己帶來災禍。你好好努力吧，我要離你而去了，我要離你而去了！」於是撐船離開，划進蘆葦叢中去了。顏淵掉轉馬車，子路遞上車繩，孔子頭也不回，等到水波平靜，聽不見搖船聲，然後才敢上車。子路在車旁問說：「我在老師門下很久了，不曾見過老師對人這麼尊敬。萬乘國君、千乘王侯見到老師，沒有不平起平坐的，老師還會露出高傲的神色。現在這位漁父拿著船篙站在對面，老師卻彎腰鞠躬，再三行禮才答話，這不是太過分了嗎？弟子們都覺得老師舉止異常了，漁父憑什麼值得如此禮遇呢？」孔子靠在車前扶手上，嘆了一口氣說：「子路真是難以教化啊！你在禮義中沉潛也有一段時間了，可是粗鄙的心態至今尚未消除。來，我告訴你：遇到長者不恭敬，這是失禮；見到賢人不尊重，這是不仁。如果不是至人，就不能謙下待人，謙下待人不夠專一，就不能保住他的真實，因此常會傷害自己。可惜啊！對人來說，沒有比不仁更大的禍害了，而子路偏偏就是如此。再說，道是萬物產生的根源。萬物失去它就死亡，得到它就生存；做事違逆它就失敗，順應它就成功。所以，道所在的地方，聖人都會尊重。現在漁父對於道，可以說體悟了，我敢不尊敬他嗎？」

孔子是好學不倦的人，立即想要拜在漁父門下。漁父不想給自己帶來麻煩，他也明白「道不同不相為謀」的道理。於是撐船離開，連說兩遍「吾去子矣」，你好自為之吧！孔子的恭謹態度，讓子路不解也不滿。孔子教訓他不可「失禮、不仁」。似乎與漁父的幾段對話，已使孔子領悟了道家的核心觀念。他說「道者，萬物之所由也」。這句話可以理解為：道是萬物產生的根源；也可以理解為：道是萬物依循的途徑。這兩種理解不但不矛盾，反而相輔相成。至於「道之所在，聖人尊之」，則偏向道家立場。孔子認為，漁父悟道，值得尊敬。這裡如果用〈大宗師 6．10〉的「魚相忘乎江湖，人相忘乎道術」，或許更合莊子之意。

〈列御寇〉 第三十二

要旨

世間價值觀極為紛亂。儒墨相爭可以使家人無法共存，渴求富貴則必須行卑賤之事、冒生命危險。人心難測，要如何判斷及測試之？上策是培養覺悟的智慧，化解自我的執著，嚮往那「泛若不繫之舟，虛而遨遊者也」。本篇有關「莊子將死」的一段，道盡其逍遙自得之生命情調。

192〈列御寇 32・1—32・2〉

泛若不繫之舟，虛而遨遊者也

現在進展到《莊子》第三十二篇〈列御寇〉。列御寇又稱列子，他的年代早於莊子，在〈逍遙遊 1・7〉就以「御風而行」受到肯定，成為逍遙三階段中的第二階，再往上就是「至人、神人、聖人」，可見其境界不凡。以「列御寇」為篇名，是依慣例，以其首章人物為名，如田子方、庚桑楚、徐無鬼等。特別之處是列子確有其人。本篇各章各有重點，為莊子文本之壓軸，下一篇〈天下〉則是總述古代思想。

以下先看〈列御寇〉第一、第二章。

32・1

列御寇之齊，中道而反，遇伯昏瞀（ㄇㄠˋ）人。伯昏瞀人曰：「奚方而反？」曰：「吾驚焉。」曰：「惡乎驚？」曰：「吾嘗食於十漿，而五漿先饋。」伯昏瞀人曰：「若是，則汝何為驚已？」曰：「夫內誠不解，形諜成光，以外鎮人心，使人輕乎貴老，而𩐋（ㄐㄧ）其所患。夫漿人特為食羹之貨，無多餘之贏，其為利也薄，其為權也輕，而猶若是，而況於萬乘之主乎？身勞於國，而知盡於事，彼將任我以事，而效我以功，吾是以驚。」伯昏瞀人曰：「善哉觀乎！汝處已，人將保汝矣！」無幾何而往，則戶外之屨滿矣。伯昏瞀人北面而立，敦杖蹙之乎頤，立有間，不言而出。賓者以告列

子，列子提屨，跣（ㄒㄧㄢˇ）而走，曁乎門，曰：「先生既來，曾不發藥乎？」曰：「已矣，吾固告汝曰『人將保汝』，果保汝矣。非汝能使人保汝，而汝不能使人無保汝也，而焉用之感豫出異也！必且有感，搖而本才，又無謂也。與汝遊者又莫汝告也，彼所小言，盡人毒也。莫覺莫悟，何相孰也！巧者勞而知者憂，無能者無所求，飽食而遨遊，汎若不繫之舟，虛而遨遊者也。」

【譯文】

列御寇前往齊國，走到半路就折返，遇到伯昏瞀人。伯昏瞀人說：「你為什麼回來呢？」列禦寇說：「我受到驚嚇。」伯昏瞀人說：「什麼事使你驚嚇？」列御寇說：「我曾在十家賣漿店飲食，其中有五家優先招呼我。」伯昏瞀人說：「就算這樣，你何必覺得驚嚇呢？」列御寇說：「內在的巧智未能化解，身形就流露威儀光芒，用外顯的力量懾服人心，讓別人怠慢顯貴及老者，這樣就會帶來禍患。賣漿人只是做些飲食買賣，沒有多少盈餘，所得的利益很少，所有的權力輕微，都還這樣對待我，何況是萬乘的君主呢！形體為國家操勞，智力為政事耗盡，他會把國事委託給我，要求我達成功績，我因此覺得驚嚇。」伯昏瞀人說：「你的觀察很對啊！你回去吧，人們會歸附你的！」沒過多久，他再去看列御寇，發現門外擺滿了鞋子。伯昏瞀人面向北方站著，拄著拐杖抵著下巴，站了一會兒，沒有說話就走了。接待的人告訴列子，列子拎起鞋子，光著腳跑出來，到了門口說：「先生既然來了，難道不指點我嗎？」伯昏瞀人說：「算了吧！

我本來就對你說過『人們會歸附你的』，現在果然歸附你了。不是你能讓人歸附你，而是你不能讓人不來歸附你，你為什麼要讓人感覺你與眾不同呢！必定是你有所感覺，才會動搖你的本性，這也是無可奈何的事。與你來往的人又不告誡你這些，他們的淺薄言語全都是毒害人的。既不覺醒也不領悟，怎麼能互相幫助呢！巧者勞累而智者憂慮，只有無能者全無所求，吃飽之後到處遨遊，飄飄然就像解纜的船，空蕩蕩地到處逍遙。」

本章是列御寇（以下稱列子）與伯昏瞀人之間的兩度對話。伯昏瞀人或許就是伯昏無人，他在〈田子方 21．9〉指導列子射箭要效法至人，做到「不射之射」。本章列子對於自己在民間受到禮遇，因而可能受到萬乘之主的重用而驚嚇。這種自覺得到伯昏瞀人的肯定，並預言人們會歸附他。沒過多久，列子的家門外擺滿了鞋子，但伯昏提醒他：得到眾人歸向並不是好事；還應該回歸平凡，要讓人們不來歸附你。巧者與智者在人間其實是沒有覺悟的人。最好的活法是：看似無能也無所求，「飽食而遨遊」。飄飄然就像解纜的船，空蕩蕩地到處逍遙。

本章的重點有三：一，收斂鋒芒，外表要和光同塵。二，放下身段，使眾人樂意親近。三，覺悟大道，放空自己而遨遊。本章可以對照〈寓言 27．6〉陽子居受到老聃教誨之後，化解了自我的執著，回到旅舍眾人都與他搶座位了。也可以參考〈山木 20．3〉遇到空船撞上來，人們是不會生氣的。當時的說法是「虛己以遊世」，本章說的是「虛而遨遊」。我們要修養成為空船狀態，或者成為「泛若不繫之舟」，首先要把握「虛」字訣。

32・2-1

鄭人緩也，呻吟裘氏之地。祇（ㄓ）三年而緩為儒，河潤九里，澤及三族，使其弟墨。儒墨相與辯，其父助翟（ㄉㄧˊ）。十年而緩自殺。其父夢之曰：「使而子為墨者，予也。闔胡嘗視其良，既為秋柏之實矣？」

【譯文】

鄭國有個人，名叫緩，在裘氏的地方讀書。過了三年緩就成了儒者，他像河水一樣，滋潤著方圓九里之內的人，恩澤推及父、母、妻三族，並且讓他的弟弟去學墨家成為墨者。儒者與墨者辯論時，他的父親幫助墨者這邊。十年之後，緩自殺了。他的父親做夢，夢見他說：「讓你的兒子成為墨者的，是我。為什麼不去看看我的墳墓，上面種的秋柏已經結果子了。」

本章分兩段。先是描寫鄭緩學習儒家而有成，造福鄉里。但因為弟弟成為墨家，而父親支持弟弟。於是鄭緩自殺，並託夢責怪其父。這顯然是一場家庭悲劇。事實上，儒家重視親情。孔子認為：以偷羊為例，父子相隱，其中就顯示了「直」（真誠而正直）（《論語・子路》）。孟子認為：「父子之間不責善」，不能以善來互相要求，而應該相親相愛（《孟子・離婁上》）。

因此，本章鄭緩對父親的責怪，以及自殺的作為，皆非儒家的表現。本章以儒者與墨者的對立爭論為題材，要說明世間的價值觀不但分歧而且不合人之所需。

32・2-2

夫造物者之報人也，不報其人而報其人之天。彼固使彼。夫人以己為有以異於人，以賤其親，齊人之井飲者相捽（ㄗㄨㄛˊ）也。故曰：今之世皆緩也，自是，有德者以不知也，而況有道者乎！古者謂之遁天之刑。聖人安其所安，不安其所不安；眾人安其所不安，不安其所安。

【譯文】

造物者所賦與人的，不是賦與人為的成就，而是賦予自然的本性。有哪方面的本性，就會往哪方面發展。緩這個人自以為與眾不同，而輕視自己的父親，就像齊國人掘井的以為自己有功，與前來飲水的人互相扭打。所以說，今天世間都是像緩一樣的人，自以為是，這在有德的人看來是不明智的，何況是有道的人呢！古人稱此為：逃避自然所帶來的懲罰。聖人對安定的就讓它安定，對不安定的就讓它不安定；眾人對不安定的要讓它安定，對安定的要讓它不安定。

本章提及「造物者」，此名自〈大宗師 6・7〉開始使用，直至〈天下 33・8〉莊子描寫自己「上與造物者遊」，共出現七次。這裡再度以「造物者」喻道，賦與人自然的本性。「彼固使彼」一語有些命定論的意味，指出：有哪方面的本性，就會往哪方面發展。但是，人終究有其認知能力，可以經由學習與思考，而明白人生道理並進行選擇。問題是大多數人都「自是」，自以為是。以緩為例，他小有成就，可以幫助弟弟外出學習，但弟弟學的是墨家。請問：緩何以認為弟弟也該學儒家？他後來託夢責怪父親，又是何故？都是由於自以為是。

這裡使用齊人掘井的例子。掘井者以為自己有功，而與汲水的扭打。掘井有功，但水不是他造的，又怎能自以為是，要求別人感激或付費？《易經》有個井卦，到了修井完成時說：「井收勿幕，有孚元吉」（上六爻辭），意即：井口收攏但不要加蓋（讓別人可以汲取），如此有誠信而最為吉祥。結論則以聖人為例，說他「安其所安，不安其所不安」，也即是順其自然，既不自以為是也毫無勉強之心。

193〈列御寇 32・3—32・4〉

莊子困窘的生活實況

〈列御寇〉第三、第四章。第三章以朱泙漫學屠龍為例，到底想告訴我們什麼？第四章描寫世間得富貴者，必須討好君王而所行卑下，甚為不值。其中敘述莊子生活處境，是重要的信息。

32・3

莊子曰：「知道易，勿言難。知而不言，所以之天也；知而言之，所以之人也；古之人，天而不人。」朱泙（ㄆㄧㄥˊ）漫學屠龍於支離益，單千金之家，三年技成而無所用其巧。聖人以必不必，故無兵；眾人以不必必之，故多兵；順於兵，故行有求。兵，恃之則亡。小夫之知，不離苞苴（ㄐㄩ）竿牘（ㄉㄨˊ），敝精神乎蹇（ㄐㄧㄢˇ）淺，而欲兼濟道物，太一形虛。若是者，迷惑於宇宙，形累不知太初。彼至人者，歸精神乎無始，而甘冥乎無何有之鄉。水流乎無形，發泄乎太清。悲哉乎！汝為知在毫毛，而不知大寧。

【譯文】

莊子說：「理解道很容易，不說它很困難。理解而不說，是為了合乎自然；理解而說出，是為了合乎人事；古代的人，要的是自然而不是人事。」朱泙漫向支離益學習屠龍術，耗盡千金家財，三年後學成了，但是沒有機會施展他的技巧。聖人對於必然如此的事也認為不必然，所以沒有紛爭；眾人對於不必然如此的事也認為必然，所以紛爭很多。順著紛爭下去，一舉一動都有所要求。紛爭，事事靠它就會喪亡。俗人的智巧，離不開交際應酬，消耗精神於淺陋之事，卻還想同時領悟大道與萬物，將形體與空虛化而為一。像這樣的人，已經被宇宙萬象所迷惑，被形體所拖累而不知有太初的妙境。像那至人，就會讓精神回歸於一切尚未開始的境界，安然睡臥於空虛無物的地方。流水沒有固定形狀，從最清虛的源頭展現出來。可悲啊！你的智巧拘泥於瑣碎的小事，而未能理解至為寧靜的大道。

本章提醒我們為何對於「道」要「知而不言」，因為那樣合乎自然。合乎自然比合乎人事是更為根本的。若要言道，無從入手，因為「道，可道，非常道」（老子《道德經》第一章）。接著加入「朱泙漫學屠龍於支離益」一段，說他學了三年，耗盡家財，但學成了無所用其巧。何以如此？首先，為何要屠龍？龍對古人是重大威脅，在本篇稍後〈列御寇 32．8〉提及水中黑龍會讓人粉身碎骨。並且，龍會飛，〈逍遙遊 1．9〉說神人「乘雲氣，御飛龍」；孔子見老聃，回來向弟子說他看到龍了（〈天運 14．11〉），實在讓人敬服。如果有人可以屠龍，那將是大英雄。奈何龍可以飛走，使朱泙漫無計可施。本章所指，似乎以龍喻道，即使悟道也無從向人訴說，「無所用其巧」。或者，以屠龍比喻修練自己，除去心中之龍，以求悟道。支離益是屠龍師傅，《莊子》書中另有二位「支離氏」，皆有不凡表現，一是支離疏（〈人間世 4．14〉），二是支離叔（〈至樂 18．4〉）。結論是：一，聖人與俗人不同，「以必不必」，就是沒有執著於任何必然的事，因此沒有紛爭，也不被萬象所迷惑。二，最好是學習至人，讓精神回歸「無始」，並安於「無何有之鄉」（〈逍遙遊 1．13〉）。莊子所描寫的屠牛（〈養生主 3．2〉、屠羊（〈讓王 28．7〉），以及屠龍，各有不同啟發。

32．4

宋人有曹商者，為宋王使秦。其往也，得車數乘；王說（ㄩㄝˋ）之，益車百乘。反於宋，見莊子曰：「夫處窮閭阨巷，困窘織屨，槁項黃馘（ㄒㄩˋ）者，商之所短也；一悟萬乘之主而從車百乘者，商之所長也。」莊子曰：「秦王有病召醫，破癰潰痤（ㄘㄨㄛˊ）者得車一乘，舐（ㄕˋ）痔者得車五乘，所治愈下，得車愈多。子豈治其痔邪？何得車之多也？子行矣！」

【譯文】

宋國有個人，名叫曹商，代表宋王出使秦國。他出發的時候，獲贈幾輛馬車，秦王欣賞他，又賜給他一百輛馬車。他回到宋國後，去見莊子說：「住在窮街陋巷，困窘地織鞋為生，餓得面黃肌瘦，那是我趕不上的；一旦見到萬乘之君，就有百輛馬車跟從於後，那才是我的過人之處。」莊子說：「秦王有病，召請醫生，使膿瘡潰散的，可以獲得一輛車；能夠舔好痔瘡的，可以獲得五輛車。所治療的部位愈卑下，所獲得的車輛就愈多，你難道是治好他的痔瘡嗎？不然怎麼得到這麼多車輛呢！你快走開吧！」

本章所說的曹商應該是莊子的同村人，所以才有機會知道莊子的狀況，像生活窮困、織鞋為生、面黃肌瘦等，並且故意向莊子炫耀自己的本事。在莊子面前吹噓世間成就，是極為不智的，並且風險很高。果然，莊子以一則似真似假的寓言，指出得到富貴者如何卑躬屈膝，為了利益而不顧顏面的作為。

194〈列御寇 32・5—32・6〉

從九方面觀察人，實在周全

〈列御寇〉第五、第六章。這兩章都談到孔子。第五章是魯哀公問顏闔是否可以任用孔子，結果是全盤否定。第六章是孔子評論人心之複雜，並提出「九徵」來觀察人。

32・5

魯哀公問乎顏闔曰：「吾以仲尼為貞幹，國其有瘳（ㄔㄡ）乎？」曰：「殆哉圾（ㄐㄧˊ）乎仲尼！方且飾羽而畫，從事華辭，以支為旨，忍性以視民，而不知不信；受乎心，宰乎神，夫何足以上民！彼宜女與？予頤與？誤而可矣！今使民離實學偽，非所以視民也，為後世慮，不若休之。難治也。」施於人而不忘，非天布也。商賈不齒。雖以事齒之，神者弗齒。為外刑者，金與木也；為內刑者，動與過也。宵人之離外刑者，金木訊之；離內刑者，陰陽食之。夫免乎外內之刑者，唯真人能之。

【譯文】

魯哀公請教顏闔說：「我把孔子當作棟梁，國家就有救了嗎？」顏闔說：「恐怕很危險啊！孔子將會雕琢粉飾，講求華麗辭藻，以枝節為主旨，扭曲本性以教化人民，而不知道自己沒有誠信；心裡這樣接受，精神受它主宰，如何可以治理人民！孔子適合你嗎？我會喜歡你這樣做嗎？只怕是一大錯誤！現在讓人民背離樸實而學習虛偽，這不是教化人民的途徑，要是為後世著想，不如放棄吧。很難用他治理國家啊。」施恩於人而念念不忘，這不是自然的布施。商人不會把自己的行業比擬於自然的布施。即使在某些事上如此比擬，內心也不以為然。施加外在刑罰的，是刀斧與桎梏；施加內在刑罰的，是困惑與過失。小人遭受外在刑罰的，是用刀斧桎梏來拷問；遭受內在刑罰的，是被陰陽失調所侵蝕。能夠避免內外刑罰的，只有真人可以做到。

顏闔是魯國賢人，他曾應聘擔任衛靈公太子之師（〈人間世 4・10〉），又曾預見東野稷的馬將失足（〈達生 19・12〉）。現在魯哀公想重用孔子，先請教他的看法。他極力反對，理由不外乎莊子常說的講求禮樂以致扭曲人的本性。孔子將使人民「離實學偽」。這個罪名很大。但是，如果沒有儒家，百姓就不會如此嗎？是先有儒家，百姓才變壞？還是百姓先變壞，才需要儒家來教導？這是無解的問題。結論說：只有真人可以避免內外刑罰。但真人何在？

32・6

孔子曰：「凡人心險於山川，難於知天。天猶有春秋冬夏旦暮之期，人者厚貌深情。故有貌愿而益，有長若不肖，有順懁（ㄒㄩㄢ）而達，有堅而縵，有緩而釬（ㄏㄢˋ）。故其就義若渴者，其去義若熱。故君子遠使之而觀其忠，近使之而觀其敬，煩使之而觀其能，卒（ㄘㄨˋ）然問焉而觀其知，急與之期而觀其信，委之以財而觀其仁，告之

以危而觀其節，醉之以酒而觀其則，雜之以處而觀其色。九徵至，賢不肖人得矣。」正考父一命而傴（ㄩˇ），再命而僂（ㄌㄡˊ），三命而俯，循牆而走，孰敢不軌！如而夫者，一命而呂鉅，再命而於車上儛，三命而名諸父，孰協唐、許！

【譯文】

孔子說：「人心比山川更險惡，比自然更難了解。自然還有春夏秋冬、日夜的規律，人卻是外表厚實、情感深藏。所以，有人外表恭謹而內心驕傲，有人貌似長者而心術不正，有人舉止拘謹而內心輕佻，有人表面堅強而內心軟弱，有人表面溫和而內心急躁。所以，追求道義有如口渴找水的人，拋棄道義也像逃避灼熱的人。所以對於君子，派遣他去遠方，觀察他是否忠心；安排他在近處，觀察他是否恭敬；交代他繁重事務，觀察他是否能幹；突然質問他，觀察他是否機智；給他急迫的期限，觀察他是否守信；委託他錢財，觀察他是否行仁；告訴他處境危險，觀察他是否有節操；讓他喝醉酒，觀察他是否守法度；讓他男女雜處，觀察他是否端正。經過這九種考驗，就可以看出賢者與不肖之人了。」正考父第一次被任命為士時，逢人就曲著背；第二次被任命為大夫時，逢人就彎著腰；第三次被任命為卿時，逢人就俯著身，沿著牆邊走路，這樣誰還敢不守規矩呢！如果是凡夫俗子，第一次被任命為士時，就狂妄自大，第二次被任命為大夫時，就在車上輕狂起來，第三次被任命為卿時，就直呼長輩的名字了，這樣誰還會效法唐堯、許由的謙讓之風呢！

本章開頭談到人心之險惡複雜，可以對照〈在宥 11 · 3〉老聃對人心的描述。本章進而分析五種「厚貌深情」如「外表恭謹、貌似長者、舉止拘謹、表面堅強、表面溫和」，其實內心是相反的情況。另外，九徵是指檢驗一個人的九種方法，看他是否「忠、敬、能、智、信、仁、節、則、色」。這些方法具體可行，值得參考。讓人警惕的是「故其就義若渴者，其去義若熱」，意指：凡事最好漸進，而不必衝動。譬如，聽到幾句莊子名言，就全盤接受他的想法，那麼將來看到幾句難以理解及接受的話，可能就棄之而走了。最後提及的正考父，是宋國貴族，孔子的第七代祖先，他被任命為士、大夫、卿，官位越高，表現越謙卑。與凡夫俗子官越大越猖狂，不可同日而語。

195〈列御寇 32・7—32・9〉

古代關於龍的傳說

〈列御寇〉第七、第八、第九章。第七章談到人的稟賦（包括感官與欲望）可能帶來的處境，提醒我們不要只由外在條件判斷吉凶。第八章強調「見利思害」，否則下場堪慮。第九章描寫莊子拒絕做官，寓言簡單而生動。

32・7

賊莫大乎德有心而心有睫，及其有睫也而內視，內視而敗矣。凶德有五，中德為首。何謂中德？中德也者，有以自好也，而吡（ㄆㄧˊ）其所不為者也。窮有八極，達有三必，形有六府。美、髯、長、大、壯、麗、勇、敢，八者俱過人也，因以是窮。緣循、偃佒（ㄧㄤ）、困畏，三者不若人，俱通達。知、慧外通，勇、動多怨，仁、義多責，六者所以相形也。達生之情者傀（ㄎㄨㄟˇ），達於知者肖；達大命者隨，達小命者遭。

【譯文】

最大的禍害是稟賦中出現用心，並且心中有眼，到了心中有眼時，就會以私心來看事情，以私心來看事情就敗壞了。惡劣的稟賦有五種，為首的是心的稟賦。什麼叫做心的稟賦？心的稟賦就是：自以為是而詆毀自己認為不對的。窮困有八種極端，通達有三種必然，刑罰有六種內容。貌美、鬚長、身高、魁梧、強壯、華麗、勇猛、果敢，這八項都超過一般人，就會受到役使而窮困。依賴外物、卑屈從人、懦弱畏懼，有這三項不如別人，就會遇事通達。智巧與捷悟則會追逐外物，勇猛與浮動則會多招怨恨，行仁與尚義則會多受責備，這六者將會給人帶來刑罰。明白生命之真實的人，心胸寬大；明白智巧的人，氣量狹小；明白大命運的人，隨順一切；明白小命運的人，忍受一切。

人的稟賦包括生來具備的感官能力與認知作用。感官能力是自然的需求（如眼、耳、鼻、舌的滿足），認知作用是「心」的區分及欲望。本章指出「心」是一切的關鍵，心如果自以為是，則是莫大的禍害。人們以為的好運、倒楣、本領，其實是相反的情況。以好運來說，誰不羨慕「貌美、鬚長、身高、魁梧、強壯、華麗、勇猛、果敢」？但這八點超過別人，稱為「八窮」，因為將會受人役使而疲於奔命、勞累不堪。其次，誰不討厭「依賴外物、卑屈從人、懦弱畏懼」？但這三點不如別人，卻稱為「三達」，因為將會受人照顧而遇事通達、平安無虞。然後，大家稱讚的「智、慧、勇、動、仁、義」則稱為「六刑」，會給人帶來刑罰。這種說法顛覆了世人的價值觀，但長期看來也有根據。總之，不可自以為是，以為自己的價值觀是正確的。結論是：明白大命運（人的自然之命）的人隨順一切；明白小命運（人的世間遭遇）的人忍受一切。

32・8

人有見宋王者，錫車十乘。以其十乘驕穉（ㄓㄟ）莊子。莊子曰：「河上有家貧恃緯蕭而食者，其子沒於

淵，得千金之珠。其父謂其子曰：『取石來鍛之！夫千金之珠，必在九重之淵而驪龍頷（ㄏㄢˋ）下。子能得珠者，必遭其睡也。使驪龍而寤，子尚奚微之有哉！』今宋國之深，非直九重之淵也；宋王之猛，非直驪龍也；子能得車者，必遭其睡也。使宋王而寤，子為虀（ㄐㄧ）粉夫！」

【譯文】

有人去拜見宋王，獲賜十輛馬車，他就以這十輛馬車向莊子誇耀。莊子說：「河邊有一家窮人，靠編織蘆葦為生，做兒子的潛入深淵，得到價值千金的寶珠。做父親的對他說：『拿石頭來敲碎它！千金寶珠一定藏在九重深淵黑龍的頷下，你能取得寶珠，一定是碰到牠正在睡覺。如果黑龍是醒的，你還能保住小命嗎？』現在宋國的形勢，更勝於九重深淵；宋王的凶猛，更勝過黑龍；你能得到馬車，一定是碰到他正在睡覺。如果宋王是醒的，你就要粉身碎骨了！」

前面〈列御寇 32．4〉說過曹商代表宋王出使秦國，獲賜百輛馬車，回來向莊子炫耀，結果被奚落一頓。本章描寫另一人見宋王而獲賜十輛馬車，他來向莊子示威，結果呢？莊子以一則寓言提醒他：宋王一定在昏睡中，才會賞賜他；如果宋王清醒，他將粉身碎骨。其中以河中驪龍（黑龍）比喻宋王，可知在古代有不少關於龍的說法。本篇前面（32．3）也談到有人專門學習屠龍術。《左傳》昭公 29 年，蔡墨說：古代有豢龍氏與御龍氏，是專門養龍的家族。龍是水中生物，但長大後會飛走，所以人們看不到活龍。在《易經》乾卦有「潛龍、見龍、飛龍、亢龍、群龍」等描述，蔡墨說：「如果龍不是常見的生物，誰能以如此生動的方式來描寫牠呢？」

32・9

或聘於莊子。莊子應其使曰：「子見夫犧牛乎？衣以文繡，食以芻菽，及其牽而入於大廟，雖欲為孤犢，其可得乎！」

【譯文】

有人想請莊子做官，莊子答覆使者說：「你見過用來祭祀的牛嗎？披的是紋彩刺繡，吃的是青草大豆，等牠被牽到太廟待宰的時候，即使想做一頭孤單的小牛，辦得到嗎？」

依司馬遷《史記・老子韓非列傳》所載，楚威王曾想聘請莊子，莊子的回應正是本章內容。類似說法可考參考〈秋水 17・13〉，莊子表示自己寧可活著，像龜一樣拖著尾巴在泥地裡爬。本章他表示自己不想在成為犧牲時，再來後悔。他對於「見利思害」，深有心得。

196〈列御寇 32・10—32・11〉

莊子面對死亡的態度

〈列御寇〉第十、第十一章。第十章描寫莊子臨終前與弟子的一段對話，豁達一如平時。第十一章比較明智與神全，提醒我們除去偏見，不要多做不相干的事。

32・10

莊子將死，弟子欲厚葬之。莊子曰：「吾以天地為棺槨，以日月為連璧，星辰為珠璣，萬物為齎（ㄐ一）送。吾葬具豈不備邪？何以加此！」弟子曰：「吾恐烏鳶之食夫子也。」莊子曰：「在上為烏鳶食，在下為螻蟻食，奪彼與此，何其偏也！」

【譯文】

莊子臨終的時候，弟子們想要厚葬他。莊子說：「我把天地當作棺槨，把日月當作雙璧，把星辰當作珠璣，把萬物當作殉葬，我陪葬的物品難道還不齊備嗎？有什麼比這樣更好的！」弟子說：「我們擔心烏鴉與老鷹會把先生吃掉。」莊子說：「在地上會被烏鴉與老鷹吃掉，在地下會被螻蟻吃掉，從那邊搶過來，送給這邊吃掉，真是偏心啊！」

在〈至樂 18・3〉有莊子妻死的記載。當時莊子以死亡為氣的聚散過程的一個階段，有如四季的自然運行，因此不必為死者過度哀傷，反而要為她回到天地這個「巨室」休息，而「鼓盆而歌」。

本章是莊子自身面臨死亡的情境。弟子愛護老師，想為老師厚葬，這是人之常情。但莊子是哲學家，尤其是道家代表，他在生前早已悟道而與道這位「造物者」同遊（〈天下 33・8〉），因此對自身之死早有安排，就是借助「天地、日月、星辰、萬物」而具備人間喪禮所需的一切。然而，弟子還是不忍心讓老師淪為路邊草叢中無名的骷髏，如（〈至樂 18・5；18・7〉）所描寫的。莊子最後開導弟子的話，實為千古以來清醒之人的肺腑之言。他所說的是客觀事實，那麼，人生唯一緊要的不是悟道而與道同遊嗎？

32・11

以不平平，其平也不平；以不徵徵，其徵也不徵。明者唯為之使，神者徵之。夫明之不勝神也久矣，而愚者恃其所見入於人，其功外也，不亦悲乎！

【譯文】

以不公平的偏見去追求公平，這種公平不是真公平；以不感應的私心去追求感應，這種感應不是真感應。明智者有所作為，總是被人役使；神全者可以感應一切。明智比不上神全，由來已久了！而愚昧者還依恃他的偏見，陷溺於人間，所成就的都是不相干的事，不是很可悲嗎？

本篇結束時，所謂的「不亦悲乎」一語，最早見於〈逍遙遊

1．5〉，當時感嘆的是：比起長壽的彭祖，人生苦短！本章所感嘆的則是：人們一生追求「明」（明智），希望得到公平感應，但依然失敗，而只能為人役使。重要的是「神」（神全），因悟道而領悟萬物是個整體。除此之外，只能愚而自用，在偏見中陷溺人間，成就各種可有可無、不相干的事。那不是很可悲嗎？

〈天下〉 第三十三

要旨

本篇總結古代思想，分七派而論之，是研究哲學史的重要資料。首先，描述古人如何具有完備的智慧，亦即「內聖外王之道」。接著介紹儒家的演變，可謂客觀而有見地，再及於墨家等學派，皆得古人之一偏。至老聃、關尹方可稱為「古之博大真人」，而對莊子的評述，則可謂登峰造極，讓人神往。最後，再以惠子為例，提醒人們不可惑於小智，往而不返。

197〈天下 33．1—33．2〉

遙想完美的古人，有什麼啟發？

現在進展到《莊子》第三十三篇〈天下〉，也就是全書壓軸之作。若要了解先秦思想的大要，至少不可錯過三篇文章，就是《莊子．天下》、《荀子．非十二子》，以及《史記．太史公自序》中的〈司馬談論六家要指〉。由此可見莊子本篇十分重要，其中依序討論了：古人的完備智慧、儒家、墨家、救世家、順應家、道家、莊子、名家。現在先看〈天下〉第一、第二章。

33．1

天下之治方術者多矣，皆以其有為不可加矣。古之所謂道術者，果惡乎在？曰：「無乎不在。」曰：「神何由降？明何由出？」「聖有所生，王有所成，皆原於一。」不離於宗，謂之天人。不離於精，謂之神人。不離於真，謂之至人。以天為宗，以德為本，以道為門，兆於變化，謂之聖人。以仁為恩，以義為理，以禮為行，以樂為和，薰然慈仁，謂之君子。以法為分，以名為表，以參為驗，以稽為決，其數一二三四是也，百官以此相齒。以事為常，以衣食為主，蕃息蓄藏，老弱孤寡為意，皆有以養，民之理也。

【譯文】

天下研究學術的人很多，都認為自己的學問好得無以復加了。古代所說的道術，究竟在什麼地方？答案是：「無所不在。」再問：「神妙的能力從何處降臨？明智的能力從何處出現？」答案是：「聖人有他誕生的理由，帝王有他成功的原因，都是來自整體的一。」不離開根源的，稱為天人。不離開精純的，稱為神人。不離開真實的，稱為至人。以自然為根源，以稟賦為依據，以大道為門徑，能夠順應一切變化的，稱為聖人。以仁來施行恩惠，以義來建立條理，以禮來規範行為，以樂來調和情緒，表現仁愛慈善的溫和氣息的，稱為君子。以法度做為分守，以名號做為標準，以比較做為驗證，以考核做為決斷，可以排出一二三四的等級，百官依此列出順序。以工作為日常活動，以衣食為生活中心，增加物產積蓄財貨，關心老弱孤寡，使他們都能得到安養，這是人民生存的道理。

「方術」是學者研究道術而各有心得，意近「道術」。「方」字可參考〈田子方 21．6〉魯哀公一見莊子就說：魯國儒者很多，「少為先生方者」；〈秋水 17．1〉河伯見識了北海之大，就說：沒有來這兒的話，「吾長見笑於大方之家」，而學者以為自己學問好，就像河伯原先之「以天下之美為盡在己」。對於學者這種心態的批評，可參考〈徐無鬼 24．14〉所謂的「暖姝者」之「未知未始有物也」。只有古人明白「未始有物」（〈齊物論 2．8〉），唯一恆存的只有「道」。「道術」二字指道及道的應用（遍在萬物），此二字曾見於「人相忘乎道術」（〈大宗師 6．10〉）。那麼，道術何在？「無乎不在」。〈知北遊 22．8〉說：道「無所不在」。

天下的神（神妙的能力）與明（明智的能力）由何而來？人

間的聖（聖人）與王（帝王）是有來源的，都是來自「一」（道；在道中一切整合為一）。接著簡單界說「天人、神人、至人、聖人」，他們都是悟道者，但因展現不同作用而有不同名稱。文中所謂的「宗、精、真」，皆指「道」。這裡沒有提及「真人」，而真人在〈大宗師〉開頭幾章是典型的悟道者，他應該是「不離於真」的「至人」的同義詞。「聖人」一詞比較特別，因為老子《道德經》以他為「悟道的統治者」，並且人間已經習慣以他為完美的典型，所以他兼顧「自然、稟賦、大道」，並且可以順應一切變化。「聖人」之名在莊子書中（尤其是外篇）有其負面用法，在此則是正面的用法。

接著談到實踐「仁、義、禮、樂」的君子，則是以君子為老師，負責教化工作。然後談到「百官、民」，則是古代社會的正常結構。簡單說來，統治階級有聖與王（最理想的是聖王），加上君子與百官；民是被統治階級，佔了絕大多數。

老子以「聖人」為悟道的統治者，這代表道家在人間的最高願望。莊子知道此一背景，對「聖人」作較為完整的敘述，但也明白大勢已去，因此在把一切希望推源於一（道）之後，再以「天人、神人、至人、真人」等，做為悟道的「個人」，接著闡釋道家的思想。

33・2

古之人其備乎！配神明，醇天地，育萬物，和天下，澤及百姓，明於本數，係於末度，六通四辟，小大精粗，其運無乎不在。其明而在數度者，舊法世傳之史尚多有之。其在於《詩》、《書》、《禮》、《樂》者，鄒、

魯之士、搢紳先生多能明之。《詩》以道志，《書》以道事，《禮》以道行，《樂》以道和，《易》以道陰陽，《春秋》以道名分。其數散於天下而設於中國者，百家之學時或稱而道之。天下大亂，賢聖不明，道德不一，天下多得一察焉以自好。譬如耳目鼻口，皆有所明，不能相通。猶百家眾技也，皆有所長，時有所用。雖然，不該不徧，一曲之士也。判天地之美，析萬物之理，察古人之全，寡能備於天地之美，稱神明之容。是故內聖外王之道，闇而不明，鬱而不發，天下之人各為其所欲焉以自為方。悲夫，百家往而不反，必不合矣！後世之學者，不幸不見天地之純，古人之大體，道術將為天下裂。

【譯文】

古代的人真是完備啊！他們配合神明，取法天地，撫育萬物，調和天下，恩澤推及百姓，明白治國的根本原則，也不疏忽法度的末節。不論時間空間上的任何領域，事情上的小大精粗，他們的功用都無所不在。這種功用明顯表現在典章制度方面，像舊時的法規、世代相傳的史籍多半還有記載。存在於《詩》、《書》、《禮》、《樂》中的，像儒家學者、官吏士紳多半能夠通曉。《詩》是用來表達心意；《書》是用來記述政事；《禮》是用來規範行為；《樂》是用來調和情緒；《易》是用來通達陰陽；《春秋》是用來界定名分。這些典章散布於天下，施行於各國，百家的學說時常加以稱頌與講述。後來天下大亂，賢聖之行不顯明，道德標準不統一，天下的人大都各執一端而自以為是。

譬如耳、目、鼻、口，都有各自的作用，但是，不能互相替代。就像百家的各種技藝，都有它的優點，在適當的時候也用得上。然而，如此既不周全也不普遍，就只能算是偏於一端的人。他們區別天地的大美，分析萬物的條理，解散古人的全德，但是卻很少能整合起天地的大美，相稱於神明的靈妙。因此，內聖外王之道，昏暗不明，阻塞不通，天下的人各自認為自己所喜好的就是學術。可悲啊，百家往前走而不再回頭，必然不合於道術了。後代的學者很不幸，無法見到天地的全貌與古人的廣大境界，道術就如此被天下人所分裂了。

美好的古代已經消逝，留下的典章制度供人緬懷。重視教育與傳承的儒家學者（鄒、魯之士）與官吏士紳（搢紳先生）還能通曉經典（詩、書、禮、樂）。接著，莊子各以一兩個字代表六經，實在精彩。這一段可以視為對孔子以來儒家學者的肯定。至於儒家後來的發展則是另一回事。

然而，從「天下大亂」以後，百家各有所見與所執，皆淪為「一曲之士」，很少能整合起天地的大美，相稱於神明的靈妙。有關天地之美與神明之容，可參考〈知北遊 22・3〉。結果是「內聖外王」之道昏暗不明、阻塞不通。在莊子筆下，「內聖外王」一詞要回溯上一章所謂的「聖有所生，王有所成，皆原於一」。意即：內在修行成聖，聖生於道；外在展現為王，王成於道。因此，悟道是統治天下百姓、管理自己人生的關鍵所在。若不悟道，則無緣成聖為王，又怎能安頓百姓的性命之情？莊子在此三度提及「百家」，但他們偏離了道術，往而不反，「以自為方」而自以為是。後代的學者（指莊子後續要討論的各家學說）

無法看到完整的道術了。話雖如此，後續的討論中，仍有關尹、老聃一派被稱為「古之博大真人」（〈天下 33．7〉），而莊子自成一派，重視「本」與「宗」，體現了內聖外王的理想。可惜的是，「內聖外王」一詞自宋朝起成為儒家的重要標幟，意指：內具聖人的德行，外行王者的仁政。參看《宋史．邵雍傳》：「堯夫〔邵雍，字堯夫〕內聖外王之學也。」

198〈天下 33・3—33・4〉

墨家讓人尊敬，但不合人性

〈天下〉第三、第四章。這兩章所談的是墨家，莊子在批判人間的相對價值時，常以儒墨並稱，如〈齊物論 2・5〉說「儒墨之是非」。他在批評好辯的風氣時，常並列楊朱、墨翟，如〈天地 12・16〉。那麼，墨家有何主張？莊子介紹以下五家思想，都會先強調「古之道術有在於是者」，表示這五家思想各有所本，但未必把握了道術之全。

33・3

不侈於後世，不靡於萬物，不暉（ㄏㄨㄟ）於數度，以繩墨自矯，而備世之急。古之道術有在於是者，墨翟、禽滑釐聞其風而說之，為之太過，已之太循。作為《非樂》，命之曰《節用》；生不歌，死無服。墨子泛愛兼利而非鬥，其道不怒；又好學而博，不異，不與先王同，毀古之禮樂。黃帝有《咸池》，堯有《大章》，舜有《大韶》，禹有《大夏》，湯有《大濩（ㄏㄨㄛˋ）》，文王有《辟雍》之樂，武王、周公作《武》。古之喪禮，貴賤有儀，上下有等。天子棺槨七重，諸侯五重，大夫三重，士再重。今墨子獨生不歌，死無服，桐棺三寸而無槨，以為法式。以此教人，恐不愛人；以此自行，固不愛己。未敗墨子道，雖然，歌而非歌，哭而非哭，樂而非樂，是果類乎？其生也勤，其死也薄，其道

大觳（ㄏㄨˊ）；使人憂，使人悲，其行難為也，恐其不可以為聖人之道，反天下之心，天下不堪。墨子雖獨能任，奈天下何！離於天下，其去王也遠矣。

【譯文】

不教後世奢侈，不對萬物浪費，不受禮法眩惑，以規矩來砥礪自己，而救助世人的急需。古代的道術有著重這方面的，墨翟、禽滑釐聽說這種風氣就愛好。有些事實踐得太過分，有些事節制得太謹慎。他們提倡《非樂》，講求《節用》，生時不唱歌，死時不厚葬。墨子泛愛眾人，兼利天下而反對戰爭，他的學說主張不發脾氣；他又好學而博聞，不強調人群差異，不與先王認同，毀棄古代禮樂。黃帝有《咸池》，堯有《大章》，舜有《大韶》，禹有《大夏》，湯有《大濩》，文王有《辟雍》的樂章，武王、周公製作《武》。古代的喪禮，貴賤有不同的儀式，上下有不同的等級，天子的棺槨有七層，諸侯的有五層，大夫的有三層，士的有兩層。現在墨子偏偏主張生時不唱歌，死時不厚葬，只用三寸的桐木棺材而沒有外槨，訂下這個標準。以此來教導別人，恐怕是不愛別人；以此來要求自己，實在是不愛自己。這並不是要推翻墨子的學說，不過，該唱歌時不許唱歌，該哭泣時不許哭泣，該奏樂時不准奏樂，這樣真的合乎人情嗎？生時要勤勞，死後要薄葬，他的學說太苛刻了；讓人憂愁，讓人悲傷，這種行為很難付諸實現，恐怕不能稱為聖人之道，它違反了天下人的心意，天下人是無法忍受的。墨子自己雖然做得到，對天下人能怎麼樣呢！與天下人脫節了，距離王道就遙遠了。

墨家以墨翟與禽滑釐為代表。墨子（468-376B.C.）是孔子（551-479B.C.）之後的重要學者。他的年代與古希臘的蘇格拉底（Socrates,469-399B.C.）幾乎重疊。他主張兼愛，要普遍而平等地愛護眾人，因此反對耗費人力及財物的禮樂。莊子特別指出他「非樂、節用」的主張，但「生不歌，死無服」顯然違反人之常情，只會「使人憂，使人悲」。這種學說難以推廣，天下人不會接受，也因而不是聖人之道。

33．3

墨子稱道曰：「昔者禹之湮（一ㄣ）洪水，決江河，而通四夷九州也，名川三百，支川三千，小者無數。禹親自操槖（ㄊㄨㄛ）耜（ㄙㄟ）而九雜天下之川；腓無胈，脛無毛，沐甚雨，櫛疾風，置萬國。禹大聖也，而形勞天下也如此。」使後世之墨者，多以裘褐為衣，以跂（ㄑㄧˊ）蹻（ㄑㄧㄠ）為服，日夜不休，以自苦為極，曰：「不能如此，非禹之道也，不足為墨。」相里勤之弟子五侯之徒，南方之墨者苦獲、己齒、鄧陵子之屬，俱誦《墨經》，而倍譎不同，相謂別墨；以堅白同異之辯相訾（ㄗˇ），以觭（ㄐㄧ）偶不仵之辭相應；以巨子為聖人，皆願為之尸，冀得為其後世，至今不決。墨翟、禽滑釐之意則是，其行則非也。將使後世之墨者，必自苦以腓無胈、脛無毛相進而已矣。亂之上也，治之下也。雖然，墨子真天下之好也，將求之不得也，雖枯槁不舍也，才士也夫！

【譯文】

墨子談到他的學說時，說：「從前禹為了堵塞洪水，就疏導長江、黃河，使其通達四境九州，當時大河有三百，支流有三千，小溪有無數。禹親自拿著簸箕鋤頭，匯合天下的河川；他大腿無肉，小腿無毛，淋著大雨，頂著狂風，安頓了萬國。禹是大聖人，尚且為天下人這麼勞苦。」因此，後來的墨者，大都穿粗布衣服，配木屐草鞋，日夜不停地工作，以勞苦自己為最高目標，並且說：「不能這樣做，就不是禹的道，就不配稱為墨者。」相里勤的弟子五侯等人，南方的墨者苦獲、己齒、鄧陵子這些人，都誦讀《墨經》，但是立場背離怪異，各自不同，互相指責對方是墨子的別派。他們用「堅白」、「同異」的辯論來互相詆毀，用奇數偶數不合的言詞來互相對立；以巨子為聖人，都願意奉他為宗主，希望能成為他的傳人，到現在還爭論不休。墨翟、禽滑釐的用心是對的，他們的做法卻不對。這樣會使後代的墨者，必定要勞苦自己到大腿無肉、小腿無毛，以此互相競爭罷了。這是擾亂天下的罪多，治理天下的功少。雖然如此，墨子真是愛好天下的人，他所追求的目標不能實現，即使累得形容枯槁也不放棄，可以說是才能之士了！

墨家推崇的是古代治水的大禹，為民服務，公而忘私。墨者節儉度日，以勞苦自己為最高目標，這確實難能可貴。然而，墨者有兩個問題：一，喜歡辯論。黨同伐異、互相指對方為「別墨」，以自己為正宗。二，執著於爭奪巨子之位。《淮南子．泰族訓》說：「墨子服役者百八十人，皆可使赴湯蹈火，死不旋踵。」成為巨子，則可號令所有墨者絕對忠誠。總之，墨家用心良苦，但不合人性所需。墨子雖愛好天下人，但其目標無法實現。他配得上「才士」之名了。

199〈天下 33・5—33・6〉

身處亂世，救世家與順應家各有理想

〈天下〉第五、第六章。在古代九流十家或諸子百家之中，並無這裡所謂的救世家與順應家。我們取名是依莊子原文所描寫的內容。這兩家思想介於墨家與法家之間，也與道家有類似之處。我們且先了解莊子的說法。

33・5

不累於俗，不飾於物，不苟於人，不忮（ㄓˋ）於眾，願天下之安寧以活民命，人我之養畢足而止，以此白心。古之道術有在於是者，宋鈃（ㄐㄧㄢ）、尹文聞其風而說之，作為華山之冠以自表，接萬物以別宥為始；語心之容，命之曰心之行，以聏（ㄦˊ）合驩（ㄏㄨㄢ），以調海內，請欲置之以為主。見侮不辱，救民之鬥，禁攻寢兵，救世之戰。以此周行天下，上說下教，雖天下不取，強聒（ㄍㄨㄚ）而不舍者也，故曰：上下見厭而強見也。雖然，其為人太多，其自為太少；曰：「請欲固置五升之飯足矣，先生恐不得飽，弟子雖飢，不忘天下。」日夜不休，曰：「我必得活哉！」圖傲乎救世之士哉！曰：「君子不為苛察，不以身假物。」以為無益於天下者，明之不如已也。以禁攻寢兵為外，以情欲寡淺為內。其小大精粗，其行適至是而止。

【譯文】

不被世俗所牽累，不藉外物來矯飾，不苛求別人，不違逆眾意，希望天下安寧，百姓得以活命，別人與我的生活都是夠用就好，以這種觀點來表白心願。古代的道術有著重這方面的，宋銒、尹文聽說這種風氣就愛好。他們製作一種上下均齊的華山帽，用以表現自己的想法，應接外物從去除成見開始；討論心所包容的範圍，稱之為心所推行的範圍，以親暱態度與人相洽，而調和四海之內的人，請求大家以此做為行為的主導。受欺侮不以為恥辱，拯救人民免於爭鬥，禁止攻伐平息用兵，拯救世間免於戰禍。用這種學說周遊天下，對上勸說君主，對下教育百姓，即使天下人不接受，還是勉強陳詞不肯放棄，所以說：上上下下都厭煩，還要勉強發表意見。然而，他們為別人考慮太多，為自己打算太少，說：「請給我們五升飯就夠了，老師恐怕還吃不飽，弟子們即使飢餓，也不會忘記天下人。」他們日夜不停忙碌，說：「我們一定活得下去！」真是意圖高尚的救世之士啊！他們說：「君子不苛求挑剔，不受制於外物。」認為對天下無益的事，與其去說明不如停止算了。他們對外主張禁止攻伐平息用兵，對內主張降低減少情欲。這種學說雖然也有小大精粗之分，而所作所為只不過是如此而已。

宋銒又名宋榮子，在〈逍遙遊 1・7〉談到逍遙三層次時，以他為第一層次，就是「舉世而譽之而不加勸，舉世而非之而不加沮」，實屬難能可貴。往上第二層次是列子御風而行，已介紹過了。尹文與宋銒同遊於齊之稷下（學院）。他們希望天下太平、百姓存活，自己則刻苦度日，實為「救世之士」。修養目標是：對內降低減少情欲，對外禁止用兵攻伐。立場接近墨家，但在理論上不夠充實嚴謹，而在實踐上也難以回應天下人的要求。

33．6

公而不黨，易而無私，決然無主，趣物而不兩，不顧於慮，不謀於知，於物無擇，與之俱往。古之道術有在於是者，彭蒙、田駢、慎到聞其風而說之。齊萬物以為首，曰：「天能覆之而不能載之，地能載之而不能覆之，大道能包之而不能辯之。」知萬物皆有所可，有所不可。故曰：「選則不徧，教則不至，道則無遺者矣。」是故慎到棄知去己，而緣不得已，泠汰於物以為道理。曰：「知不知，將薄知而後鄰傷之者也。」謑（ㄒㄧˋ）髁（ㄎㄜˋ）無任，而笑天下之尚賢也；縱脫無行，而非天下之大聖。椎拍輐（ㄨㄢˋ）斷，與物宛轉；舍是與非，苟可以免；不師知慮，不知前後，魏然而已矣。推而後行，曳而後往，若飄風之還（ㄒㄩㄢˊ），若羽之旋，若磨石之隧，全而無非，動靜無過，未嘗有罪。是何故？夫無知之物，無建己之患，無用知之累，動靜不離於理，是以終身無譽。故曰：「至於若無知之物而已，無用賢聖，夫塊不失道。」豪傑相與笑之曰：「慎到之道，非生人之行，而至死人之理，適得怪焉。」田駢亦然，學於彭蒙，得不教焉。彭蒙之師曰：「古之道人，至於莫之是、莫之非而已矣。其風窢（ㄒㄩˋ）然，惡可而言？」常反人，不見觀，而不免於魭（ㄨㄢˇ）斷。其所謂道非道，而所言之韙（ㄨㄟˇ）不免於非。

彭蒙、田駢、慎到不知道。雖然，概乎皆嘗有聞者也。

【譯文】

公正而不結黨，和善而不偏私，判斷事理不存己見，隨順外物不分彼此，不多作思慮，不謀求智巧，對一切沒有好惡，跟著它一起前進。古代的道術有著重這一方面的，彭蒙、田駢、慎到聽說這種風氣就愛好。他們把齊同萬物作為首要觀念，說：「天能覆蓋萬物而不能承載萬物，地能承載萬物而不能覆蓋萬物，大道能包容萬物而不能分辨萬物。」知道萬物都有所能，有所不能，所以說：「有所選擇就不普遍，有所教導就不周全，順著大道就無所遺漏了。」因此，慎到摒棄智巧、泯除自我，順著不得已的原則去做，聽任外物的變化，以此為學說的要旨。他說：「有所知就是有所不知，這樣就會看輕知識然後損毀它了。」隨順物情無所專任，而譏笑天下重用賢人；放縱解脫不拘行跡，而責怪天下推崇大聖。施用刑法，隨事而定；不計是非，只求苟免；不用智巧謀慮，不知前後之別，只是獨立於世罷了。推了才前進，拉了才跟上，好像飄風迴旋，好像羽毛飛舞，好像磨石轉動，安全而不受責難，動靜都沒有過錯，不曾招致任何罪刑。這是什麼緣故呢？就如無知覺的東西，沒有執著於自我的憂慮，沒有使用智巧的牽累，動靜都不會偏離條理，所以終身沒有毀譽。所以說：「做到像無知覺的東西就可以了，不需要聖人與賢人。連土塊都不會失去大道。」豪傑們談起他來，都嘲笑說：「慎到的學說，講的不是活人的行為，而是死人的道理，真是讓人覺得怪異。」田駢也是一樣，他向彭蒙學習，懂得了不言之教。彭蒙的老師說：「古代得道的人，只是抵達不說是、不說非的境界罷了。他們的教誨像風一樣迅速吹過，怎麼可以用言語表達呢？」他們時常違背民意，不受別人歡迎，甚至不免遭受刑罰。他們所說的道並不是道，而且所說的對不免被認為錯。彭蒙、田駢、慎到不明白大道。不過，他們大概都曾聽說過大道吧。

彭蒙是田駢的老師，資料不詳。依本章所記，彭蒙的老師說過：「古之道人」抵達不說是、不說非的境界。既然提及「道人」，則立場接近道家，譬如，其首要觀念是「齊萬物」，並且聽任萬物變化，以「不得已」為原則。他們消解自我與智巧，批判賢人與大聖，希望找到客觀的標準可以泯除一切差異，結果呢？由此又接近法家立場，一切以法為依，不要有個人的知覺與思慮，而成為「無知之物」。他們表現的是「非道非法」的觀點。他們不是道家，因為沒有領悟「道是萬物的來源與歸宿」。未能領悟這一點，就只能知道萬物平等而無法與道一起逍遙。他們也不是法家，未能明訂法律為政治服務，由此造就安全的社會。他們說的，被豪傑嘲笑為「死人之理」，並非無據。本章提及的田駢與慎到，前者被列為道家，後者被列為法家（《漢書·藝文志》）。但是在莊子看來，或許二人可以並列，且稱之為「順應家」。

200〈天下 33・7〉

老聃與關尹是博大真人

〈天下〉第七章。本章並列關尹與老聃，他們二人的關係，依司馬遷《史記・老子韓非列傳》所記如下：老子退休西行，至函谷關。關令尹喜請他留下著作，「於是老子迺著書上下篇，言道德之意五千餘言而去，莫知其所終。」至於關尹，則在〈達生19・2〉上場，由好學的列子向他請教，顯然以他為悟道者。本章最後推崇二人為「古之博大真人」，這是全書對歷史人物的最高評價，值得留意。

33・7

以本為精，以物為粗，以有積為不足，澹然獨與神明居。古之道術有在於是者，關尹、老聃聞其風而說之。建之以常無有，主之以太一，以濡弱謙下為表，以空虛不毀萬物為實。關尹曰：「在己無居，形物自著。其動若水，其靜若鏡，其應若響。芴乎若亡，寂乎若清，同焉者和，得焉者失。未嘗先人而常隨人。」老聃曰：「知其雄，守其雌，為天下谿；知其白，守其辱，為天下谷。」人皆取先，己獨取後，曰受天下之垢。人皆取實，己獨取虛，無藏也故有餘，巋（ㄎㄨㄟ）然而有餘。其行身也，徐而不費，無為也而笑巧；人皆求福，己獨曲全，曰苟免於咎。以深為根，以約為紀，曰堅則毀矣，銳則挫矣。常寬容於物，不削於人，可謂至極。

關尹、老聃乎，古之博大真人哉！

【譯文】

認為本源是精微的，認為物體是粗疏的，認為有所積存是不足的，安然獨自與神明共處。古代的道術有著重這一方面的，關尹、老聃聽說這種風氣就愛好。用「總是無有的方法」來建立起學說，用「太一」作為主導的原則，表面上要做到柔弱謙下，實質上要保持空虛狀態，不去傷害萬物。關尹說：「自己沒有成見，萬物自行彰顯，動時如同流水，靜時如同鏡子，應答如同回聲。恍惚如同無物，寂靜如同清虛。混同可以和諧，獲得即是失去。不曾與人爭先，卻常走在人後。」老聃說：「知道如何爭強，卻持守著柔弱，寧願作為天下的僕役；知道如何顯揚，卻持守著暗昧，寧願作為天下的山谷。」別人都要爭先，他卻獨自居後，說「寧願承受天下的詬辱」。別人都求實際，他卻獨取虛無，沒有斂藏所以會有餘，獨立世間而綽綽有餘。他立身行事，徐緩而不費力，無所作為而嘲笑智巧；別人都謀取福祉，他獨自曲折不全，說「但求避免禍害」。以深藏為根本，以儉約為守則，說「堅硬的會被毀壞，銳利的會受挫折」。常寬待萬物，不責難別人，這可以說是最高境界，像關尹、老聃這樣的人，是古代博大的真人啊！

表面看來，關尹、老聃也與前面三派（墨家、救世家、順應家）一樣，從「古之道術有在於是者」得到啟發，但不同之處是：一，墨家重現人間的困難，要救世人的急需；二，救世家希望天下安寧，百姓得以活命；三，順應家隨順外物，對一切沒有好惡。這三派所考慮的或是人間或是自然界（萬物），這二者正是我們所謂的「2+1」的「2」，但忽略了最關鍵的「1」，也即是萬物（含人類）的來源與歸宿。本章介紹關尹與老聃時，說人「以本為精，以物為粗」，「本」指本源，正是那最重要的「1」。如此才可與「神明」共處。「神明」二字可回溯本篇開頭的「神何由降？明何由出？」這幾個關鍵詞皆與「道」有關。他們被後代稱為道家，是合適的。其次，他們立說的方法是「建之以常無有，主之以太一」。這兩句話中，「主之以太一」，「太一」即「道」，要以道做為主導原則；這一點並無爭議。

但，什麼是「建之以常無有」？這一點學者之間難有共識，主要觀點有三。一，「常、無、有」三字分讀，就是老子以這三字來建立學說。但《道德經》中，這三字從未並列。以「常」來說，《道德經》中 26 見，作形容詞 4 見，名詞 7 見，副詞 15 見。再以「無、有」二字來說，有與無絕大多數是用為肯定詞與否定詞，除第一章「無名、有名、無欲、有欲」尚有爭議之外，全書只有三章用為名詞：第 2 章「有無相生」，第 11 章「有之以為利，無之以為用」，第 40 章「天下萬物生於有，有生於無」。在王弼注解中，「有」指有形之物，「無」指無形之物。這是合理的解說。如此，則「常、無、有」三字分讀（皆用為名詞），未必是莊子描寫老子建立學說的方法。二，「常無有」三字可分兩組，就是「常無、常有」，其根據主要在《道德經》首章的斷句，「故常無，欲……；常有，欲……」。但此一斷句無法成立，因帛書甲本是「恆無欲也……恆有欲也……」。三，「常無有」三字可分「常」與「無有」來看。成玄英《莊子疏》說「每以凝常、無有為宗」。「凝常」是專注於常而忽略變化。

無有是無物。成氏之說可供參考，但最好還是回歸老子的用法，以「常」為副詞，意為「總是如何」；「無」為否定詞，意為虛化、消解之；「有」為萬物。此三字意為：用「總是無有（虛化萬物）的方法」來建立起學說。

理由是：一，在莊子看來，他從老子所獲得的啟發就是明白了「道」。凡悟道者，首先了解的就是「未始有物」，因而無所執著。「未始有物」一詞在〈齊物論 2．8〉、〈庚桑楚 23．6〉、〈徐無鬼 24．14〉三度出現，並且被視為古人所知的至高智慧。二，「未始有物」即是「無有」，因此在〈庚桑楚 23．6〉，以「無有」為天門，而「萬物出乎無有……而無有一無有」。後半句的意思是「而無有常是無有」。這就是「建之以常無有」的真諦。如此虛化萬物之後，也才可以接著說「主之以太一」，以道為主導原則。雖然說虛化萬物，但活在世間，其實是要虛化自己（濡弱謙下），「不毀萬物」。因為萬物在本質上變化無已，但仍源自於道，因此人不應執著於萬物，但也不必抹煞其存在的價值。

本章接著各引關尹、老聃一句話來代表其思想。所引老聃之語，出自《道德經》的依序有：第 28、67、78、22、76、9 章，可見莊子對老子的熟悉程度。其中第 28 章「知其雄……」的譯文較為特別的是：把「為天下谿」的「谿」字譯為「僕役」，「谿」與「奚」通，古代指僕役，與「復歸於嬰兒」的嬰兒對應，所指為人間之位卑者與初生者。相對於此，下一句「知其白……」所謂的「谷」與「樸」，則指自然界之低卑者與原生者。可參考《傅佩榮講道德經》（立緒版）。結論是：常寬待萬物，不責難別人，因為悟道而展現超越心態。他們是古之博大真人啊！

201〈天下 33．8〉

莊子上與造物者遊，高妙無比

〈天下〉第八章。一般談道家，都是並稱「老莊」，有如儒家之並稱「孔孟」。但是在莊子書中介紹古代七家思想時，莊子卻是自成一派。他所了解的古代道術是什麼？

33．8

芴漠無形，變化無常，死與生與？天地並與？神明往與？芒乎何之？忽乎何適？萬物畢羅，莫足以歸。古之道術有在於是者，莊周聞其風而悅之。以謬悠之說，荒唐之言，無端崖之辭，時恣（ㄗˋ）縱而不儻（ㄊㄤˇ），不以觭（ㄐㄧ）見之也。以天下為沈濁，不可與莊語。以卮言為曼衍，以重言為真，以寓言為廣。獨與天地精神往來，而不敖倪於萬物。不譴是非，以與世俗處。其書雖瓌（ㄍㄨㄟ）瑋，而連犿（ㄏㄨㄢ）無傷也。其辭雖參差，而諔（ㄔㄨˋ）詭可觀。彼其充實不可以已。上與造物者遊，而下與外死生無終始者為友。其於本也，弘大而辟，深閎而肆；其於宗也，可謂調適而上遂矣。雖然，其應於化而解於物也，其理不竭，其來不蛻（ㄕㄨㄟˋ），芒乎昧乎，未之盡者。

【譯文】

恍惚芒昧而沒有形跡，隨物變化而沒有常性，這是死還是生呢？與天地一起存在嗎？與神明一起前進嗎？茫茫然不知去哪裡？飄飄然不知往何處？萬物都包羅在內，卻不能當成歸宿。古代的道術有著重這一方面的，莊周聽說這種風氣就愛好。他用悠遠無稽的說法、廣大虛幻的言談、漫無邊際的語詞來表達，時常任意放縱而不黨同伐異，也不會執持偏於一端的見解。他認為天下人沉迷混濁，沒辦法同他們講正經的道理。他以隨機應變的話來任意引申，以借重別人的話來證明可信，以寓言來推廣想法。獨自與天地精神往來，而不輕視萬物，不質問別人的是非，而能與世俗相處。他的著作雖然宏偉奇特，但是行文婉轉不妨害事理。他的言詞雖然變化多端，但是玄妙幻怪而頗有可觀。他的思想充實而難以窮盡，在上與造物者同遊，在下與超脫生死、忘懷始終的人做朋友。他談到本源，說得弘廣而通達，深遠而博大；他談到根基，可以說是和諧適宜，抵達最高境界了。雖然如此，他還是順應變化而解消物累，他的道理無從竭盡，他的說法無跡可尋，茫茫然昧昧然，真是深不可測。

本章開頭描寫莊子所理解的「古之道術」，有兩點特色：一，道是無形無象的，是難以捉摸的，因此莊子不會局限於萬物（自然界與人類），而要直探本源。這一點近似關尹與老聃之「以本為精，以物為粗」。二，他以連續五個問句，描寫道之性質，涉及了「死生、天地、神明、由何而來、往何而去」，這些都觸及人類思想與語言的極限。由此出發，所見自是不凡。接著他想盡辦法來表達自己的心得，在「道不可言」的前提下，他的言詞與說法另成一格，形成獨特景觀，所謂「卮言、重言、寓言」是我們領教過的。他以「獨與天地精神往來……」與「上與造物者遊……」這兩句話，描述自己的逍遙之樂。「獨」表示無法與人分享，「天地精神」是指「使天地成為天地的力量」，也就是「道」。但是他對萬物不輕視、對人群不質疑。「上」表示提升超越，如此可與造物者（道之別名）作伴同遊；「下」表示在人間交友，必須是一起走在悟道之路上，可以「相視而笑，莫逆於心」。他關心的始終是「本」（本源）與「宗」（根基）。這對於我們習慣欣賞世間風景的人而言，難免覺得茫茫然昧昧然而深不可測。

202〈天下 33・9—33・10〉

以名家的好辯來壓軸，提醒了天下人

〈天下〉第九、第十章。這兩章用以介紹名家，主要是莊子的朋友惠施。莊子在此不談「古之道術有在於是者」，因為惠施聰明過人、口才便給，專門就自然界的現象與人間的價值觀，來製造辯論題材。就此而論，他頗有自己的見解，但大多只能服人之口，而不能服人之心。對於把握人生的意義，沒有太多幫助。

33・9

惠施多方，其書五車，其道舛駁，其言也不中。歷物之意，曰：「至大無外，謂之大一；至小無內，謂之小一。無厚，不可積也，其大千里。天與地卑，山與澤平。日方中方睨（ㄋㄧˋ），物方生方死。大同而與小同異，此之謂小同異；萬物畢同畢異，此之謂大同異。南方無窮而有窮。今日適越而昔來。連環可解也。我知天之中央，燕之北、越之南是也。氾愛萬物，天地一體也。」惠施以此為大，觀於天下而曉辯者，天下之辯者相與樂之。「卵有毛；雞三足；郢有天下；犬可以為羊；馬有卵；丁子有尾；火不熱；山出口；輪不蹍地；目不見；指不至，至不絕；龜長於蛇；矩不方；規不可以為圓；鑿不圍枘（ㄖㄨㄟˋ）；飛鳥之景未嘗動也；鏃（ㄘㄨˋ）矢之疾而有不行不止之時；狗非犬；黃馬驪牛三；白狗黑；孤駒未嘗有母；一尺之捶，日取其

半，萬世不竭。」辯者以此與惠施相應，終身無窮。

【譯文】

惠施研究多種學問，他的著作多達五車，他的學說駁雜，言論偏頗不當。他遍述事物的意義，說：「大到極點而沒有外圍的，叫做大一；小到極點而沒有內裡的，叫做小一。沒有厚度的，不可累積，但可擴展到千里之廣。天與地一樣齊，山與澤一樣平。日正當中就開始偏斜，一物剛生就開始死亡。大同與小同的差異，稱為小同異；萬物完全相同也完全相異，稱為大同異。南方這個方向是無窮的，實際則是有窮。今天才去越國，卻說昨天心意已經來了。連環可以解開。我知道天下的中央，燕國的北方、越國的南方都是。普遍愛護萬物，因為天地是一個整體。」惠施以為這些是高明的道理，就到處講述，告訴好辯的人。天下好辯的人，也都喜歡這些說法。他們討論的還包括：「蛋裡面有毛；雞有三隻腳；郢都包含了天下；犬可以是羊；馬有卵；蝦（ㄏㄚˊ）蟆（ㄇㄚ）有尾巴；火是不熱的；山有口；車輪沒有踞地；眼睛看不見東西；名稱不能達到物體，即使達到也不能窮盡；龜比蛇更長；矩尺不等於方；圓規不可以被視為圓；鑿孔不會完全圍住孔內之木；飛鳥的影子不曾移動；箭矢雖快卻有不前進不停止的一刻；狗不是犬；黃馬加驪牛是三個；白狗是黑的；孤駒不曾有過母馬；一尺長的木杖，每天截取一半，萬世都不會用完。」好辯的人用這些話題與惠施對答，一輩子也說不完。

首先，惠施博學多聞，但無一以貫之的核心理念。以他的明智可以看透萬物在變化中的差異是應該泯除的。從無限看空間，從永恆看時間，還有什麼執著的必要？因此，他可以說出「泛愛萬物，天地一體」這樣的話。但他的興趣僅止於用口才勝過別人。他一連提出 22 個命題，遊走於不同界說、不同觀點、不同標準之間，表面看來使人迷惑，分析之後並不難解。並且，釐清了這些課題之後，往往只是增加了心智遊戲與趣味問答的材料而已。以「卵有毛」為例，卵中若無毛，為何孵出的小雞有毛？這是故意忽略一物在時間過程中從潛能到實現的變化。「雞三足」，因為木雞或死雞有二足而不能行，所以正常的雞應該有一「神足」，才可使二足行走。「狗非犬」，因為這是兩個不同的字，但如果名字是指實物而定的，則其說為非。當然，其中也有在理論上可以成立的，如「一尺之捶，日取其半，萬世不竭」；這是符合物質不滅定律的，但也就是一句有趣的話罷了。

33・10

桓團、公孫龍辯者之徒，飾人之心，易人之意，能勝人之口，不能服人之心，辯者之囿也。惠施日以其知與人之辯，特與天下之辯者為怪，此其柢也。然惠施之口談，自以為最賢，曰：「天地其壯乎！」施存雄而無術。南方有倚（ㄐㄧ）人焉，曰黃繚，問天地所以不墜不陷，風雨雷霆之故。惠施不辭而應，不慮而對，徧為萬物說，說而不休，多而無已，猶以為寡，益之以怪。以反人為實，而欲以勝人為名，是以與眾不適也。弱於德，強於物，其涂隩（ㄩˋ）矣。由天地之道觀惠施之能，其猶一蚊一虻之勞者也。其於物也何庸！夫充一尚可，曰愈貴道，幾矣！惠施不能以此自寧，散於萬物而

不厭，卒以善辯為名。惜乎！惠施之才，駘蕩而不得，逐萬物而不反，是窮響以聲，形與影競走也，悲夫！

【譯文】

桓團、公孫龍都是辯者一類的人，他們困惑別人的心思，改變別人的看法，能勝過別人的口，卻不能折服別人的心，這是辯者的局限。惠施每天用他的智巧與人辯論，專門與天下的辯者製造一些怪論，以上就是大致的例子。然而，惠施還是認為自己的辯才最高明，說：「天地豈有什麼偉大！」惠施只想雄辯而不懂真正的學問。南方有個奇人，名叫黃繚，他問天地為什麼不墜落不坍陷，風雨雷霆形成的原因是什麼；惠施不加推辭就回應，不經考慮就對答，遍談萬物的道理，一說就不停，多得不得了，他還嫌不夠，再加些怪論。他把違反人情的事說得像真的，想要博取勝過別人的名聲，所以與眾人無法相處。德行修養不夠，物質欲望太強，他的路是走不通的。從天地之道來看惠施的才幹，他就像一隻蚊子、一隻牛虻那樣勞碌，但對於萬物有什麼作用呢！他發揮一技之長還算可以；如果進而重視大道，那就差不多了！惠施不能以此安頓自己，反而為萬物分散心思而不厭倦，最後得到了善辯的名聲。可惜啊！惠施的才能放蕩散亂而無所得，追逐萬物而不回頭，這是用發聲來止住回音，身體與影子在競走，可悲啊！

本章提及三位與惠施同道的學者（桓團、公孫龍、黃繚）。惠施認為自己的口才天下第一，到處與人辯論，以此為樂也以此驕人。雖有一技之長，但未聞大道，只能在人間奔走，得到「善辯」之名。事實上，在《莊子》書中，惠施多次與莊子辯論卻從未超過三句話就敗北，他只是莊子表演口才時的道具而已。（〈徐無鬼 24・7〉）

細讀本章，確實對結尾的「悲夫」二字有所感慨。我們若不能認真學習莊子，努力在悟道之途上修養，恐怕也難逃這樣的批評。

《莊子》全書至此告終。

總結

總結 1

學習莊子，有四字訣：與自己要「安」

在總結的時候，我們會用四句話來概括莊子的思想：一，與自己要「安」；二，與別人要「化」；三，與自然要「樂」；四，與大道要「遊」。這四個「與」字代表我們不用排斥任何東西。

我怎麼與自己相處？要安。其次，怎麼與別人相處？要化。自己與別人合在一起，就包括所有的人。然後，與自然要「樂」，是指人類之外的自然界。最後，與大道要「遊」，就是回到根源。這四個字「安」、「化」、「樂」、「遊」，代表了莊子思想的結晶。

首先，什麼是與自己要安？這句話來自〈人間世 4．8〉的「知其不可奈何而安之若命」。「知其不可奈何」是知道事情無可奈何，已經發生了，客觀情況就是如此，怎麼辦？安心接受它做為自己的命運。同樣的話在〈德充符 5．3〉又出現一次。

一個人活在世界上是他的選擇嗎？他是哪一國人，生在什麼時代、什麼社會，與什麼樣的人有親密的關係；他的父母、子女、親戚朋友、同代的所有的人，是他選擇的嗎？不是。這叫做無可奈何。

我們可以從三點來進一步說明：一，由本性來看；二，由命運來看；三，由修練來看。

首先，由本性來看，就是指自然的變化。人生不離四個字「生老病死」，而老與病佔去最長的時間。不僅如此，有些人天生就身體殘缺、相貌醜陋，甚至短命夭折。《莊子》的寓言中，有些人斷足駝背，讓人同情。像〈德充符〉裡的王駘、申徒嘉、叔山無趾、哀駘它等，以及支離疏（〈人間世 4・14〉）。

一個人生下來有這樣的困難，或者將來生病、受刑、老殘了，怎麼辦？莊子說：把我的左臂化為公雞，我就用它來報曉；右臂化為彈丸，我就用它來打鳥烤了吃。這些是自然的變化，接受就好了。（〈大宗師 6・7〉）

值得注意的是，天生的條件還要加上後天的遭遇，這些都是由本性而可能出現的自然的變化。例如，在（〈養生主 3・4〉）公文軒看到右師獨腳，就要問：「這是自然的，還是人為的？」結論是：「這是自然的。」代表什麼？已經發生的事都屬於自然的。我接受它，就沒事了，好像本來就是如此的。

其次，第二點，由命運來看。這主要是指人間的遭遇。

「窮達順逆」是人間的遭遇，一般稱為命運。《莊子》書中有兩次談到這個問題。一次是〈讓王 28・8〉，子貢去看原憲，原憲窮得要命。子貢說：「呀！先生患了什麼病？」原憲說：「我是窮困，而不是生病。」另外一次是〈山木 20・7〉，莊子見到魏王。魏王說：「先生為什麼這樣萎靡呢？」莊子說：「我是窮困，而不是萎靡。」

處在這個時代遇到這樣的情況，我是窮困的，但既不是生病也不是萎靡。這就是命運！命運也包括前面幾位受刑人斷了一隻腳，但是安之若命。知道事情已經發生了，就接受它做為自己的命運。

第三點，從修練來看。

談到修練自己，標準的說法是「形如槁木，心如死灰」

（〈齊物論 2．1〉）。身體要像槁木一樣，不再有來自本能、衝動、欲望的各種干擾；心要像死灰一樣，不再起心動念。這個「心」特別是指認知能力在「區分」方面，讓它像死灰一樣平靜下來。

但是，這一來還有生命嗎？宋朝有些學者，就因為這八個字而批評莊子，如程顥（1032-1085）說：「必欲為槁木死灰，除是死也。」（《宋元學案》卷 13）像槁木死灰，還有什麼人生可言呢？他們並沒有認真理解莊子的說法。莊子的說法是：希望你修練身心進入一種「虛」的狀態，「虛」了之後才能夠讓「道」來引發你的精神。人在身與心之外，還有一個「精神」，這在今天的心理學也稱作「靈」。〈知北遊 22．6〉用的詞是「精神」，它說「精神生於道」。

「精神生於道」。並不是「道」會給你精神，而是你本來就有精神，只要去掉身、心的遮蔽，精神就會展現；這種展現需要修練的過程。修練的過程就是：讓你的認知從區分到避難到啟明。

我們再三強調一個觀念：從老子到莊子都認為，人從道所獲得的本性與稟賦是認知能力。認知能力不能放著不動，因為它自己就會有所運作，所以對於這種天生的「德」，保存就是修練，而修練就是回歸，回歸於道。這三個步驟（保存、修練、回歸）配合起來，具體的做法是：從認知做為區分提升到避難，再提升到啟明。啟明之後就以道為唯一的觀點，從道來看，萬物沒有貴賤之分（「以道觀之，物無貴賤」〈秋水 17．5〉）。而自己身上發生的一切也就沒有什麼好壞或喜不喜歡的問題。

關於「知其不可奈何而安之若命」，可以參考〈達生 19．

10〉談到呂梁瀑布一位泳者的寓言。孔子看他游泳技巧出神入化，就請教他「游泳有訣竅嗎？」泳者的回答是：「始乎故，長乎性，成乎命。」他從現成處境開始，生於丘陵就安於丘陵，成長在水中就安於水中。他就是把握了「安」這個字。最後，「成乎命」，不知道為什麼會這樣而還是變成這樣，這就是命定狀態。這是一個比較完整的例子。

在〈知北遊〉提出一個問題：我可以獲得道嗎？一方面要了解人在天地之間，像「白駒之過郤，忽然而已」（〈知北遊 22・7〉）。在這麼短暫的時間裡面，請問，你可以擁有什麼呢？身體是天地所賦予的形體；生存是天地所賦予的中和之氣，性命是天地所賦予的順應過程；子孫呢？是天地所賦予的蛻變結果。都不是我能夠擁有的。（〈知北遊 22・5〉）

關於「我」是怎麼回事，要記得：我在現象裡面不斷出現又消失，與別人相處互動，周旋在許多事情中好像很熱鬧，最後都會過去。但不要忘記還有那不曾失去的「自我」存在。正如〈德充符 5・4〉叔山無趾所說的：「我雖然失去了一隻腳，但人生還有比腳更尊貴的東西。」人生所有的一切都會過去，但還有我的精神存在。這精神就是由「悟道」而展現的真我。

學習莊子，首先就要問：你怎麼與自己相處？與自己要安。莊子以自己的生活為見證。他不從政做官，安於亂世，安於貧窮。他有時會強調「見利思害」，聽起來像是考慮現實處境，而事實上他早就了解是怎麼回事。他在〈讓王 28・8，9〉稱讚孔子的學生原憲、曾參、顏回安於貧困，其故在此。

〈養生主 3・2，3〉的庖丁解牛，有高深的覺悟，可以做到「依乎天理，因其固然」。但同樣令人欣賞的是〈讓王 28・7〉

的屠羊說。楚王召見他，給他高官厚祿各種賞賜，他通通不要。他守住自己的本業，就是一個屠羊的舖子，安於平凡的生活。與他類似的，還有顏闔在家餵牛（〈讓王 28・5〉），列子回家餵豬（〈應帝王 7・6〉），別人送他錢給他糧食，通通婉謝（〈讓王 28・6〉）。他們都做到了與自己要安。而真正的畫師（〈田子方 21・7〉）也是一樣無心而為，用「真」來對待自己。對外界的一切沒有任何等待，也就是「無待於外」（〈逍遙遊 1・7〉）。

學習莊子的思想，至少要學會如何自處。凡是發生在自己身上的事，一定有因果關係以及各種條件的配合，既然發生了就接受它。莊子提醒我們，「不可奈何」是他對人間的認識。

道家強調智慧，首先要明白人間一切的發展是怎麼回事，要深刻體會「不得已」三個字，知道很多事情的演變就是這個情況，那麼我就安心接受它。我不要陷入困境，更不要製造困境，而要避之唯恐不及。

然而，莊子不是避世主義者，所以接著要請教他如何在人間與眾人相處。

總結 2

與別人要「化」

一個人活在世間，不可能一開始就選擇隱居，所以如何與別人相處，是一個繞不開的問題。無論是亂世還是治世，不管是什麼樣的社會，與別人相處就是一個字，「化」。但這個字要有雙重理解，這來自〈知北遊 22 · 14〉所謂的「古之人，外化而內不化」一語。

這句話，其實莊子以類似的方式多次表達過，譬如〈德充符 5 · 6〉有所謂「內保之而外不蕩也」，也就是內在持守而外表不動蕩。〈外物 26 · 8〉說得更直接：「順人而不失己」，隨順眾人而不會失去自我。關於處世的方法，「順」字是關鍵。在〈應帝王 7 · 3〉說得很具體：「順物自然而無容私焉」，順著萬物本來的樣子，不去妄自作為。而「外化」的目的是要達到「內不化」。換句話說，人可以「入世」，但不要受困於世間。

道家不認為人應該「出世」，像某些宗教的主張，但是要超越世間的各種束縛。像〈人間世 4 · 9〉有一句話很清楚：「乘物以遊心，託不得已以養中」。順著萬物的自然狀態，讓心神自在遨遊；把一切寄託於不得已，由此涵養內在自我。「養中」正是為了「內不化」。

談到「外化」，莊子自己怎麼做？在〈山木 20 · 1〉莊子說他要處在「材與不材之間」，就是外化，全身保真，先做到這一步，再「乘道德而浮遊」。談到養生的方法，〈達生 19 · 6〉說，單豹離開人群到山裡隱居，結果被老虎吃了。而張毅呢？他在世間奔走追求富貴，最後患了內熱病。因此，養生也要設法「外化」，要像牧羊一樣，不可讓羊隻脫隊，就須「視其後者而鞭之」。《莊子》書中多次提到「把造化當作大火爐」，所有的一切都在大火爐裡面燃燒消化了。因此，想到「外化」，要常常記得「大塊載我以形，勞我以生，佚我以老，息我以死」；那妥善安排我出生的，也會妥善安排我的死亡。（〈大宗師 6．8〉）

這些都是外化的作為，順著生命自然的狀況去發展，其實在這方面所有的生物並無差別。然後，談到外化的極致，就是莊子一直強調的詞，「委蛇」。要「虛與委蛇」。《莊子》書中至少六次提及「委蛇」一詞，強調順而化之。如果做到「外化」，完全消解了自己在世間的表現，好像沒有所謂「自我」那回事。〈山木 20．3〉要你像空船一樣，即使你撞上別人的船，別人也不會怪你，因為你船上無人啊！你能把自己修養到外化，化入環境、化入眾人、化入世俗，不受任何矚目嗎？你能像〈列御寇 32．1〉所描寫的「不繫之舟」，沒有綁好的舟，虛而遨遊嗎？這些都是「外化」的驗證。

至於「內不化」，意思是內心保持悟道的狀態，與道冥合。莊子再三強調：古人的智慧達到最高的境界，就是領悟了「未始有物」。根本不曾有萬物存在，真正存在的永遠是道。道是萬物的來源與歸宿，如果悟道，就不會受到外在成敗得失的干擾，因為精神生於道，內在的精神與道契合而圓滿無缺。

關於「化」字，在人而言，可以與「忘」字配合。莊子〈天運 14．2〉談到孝順的六個境界，其中有四個提及「忘」，「忘」與「化」互為表裡。孝順的表現，一是敬，二是愛，這兩點儒家也常常在說；接著，三是忘記父母是父母。然後，四是使父母忘記我是子女；五是孝順的時候同時忘記了天下人；六是使天下人也忘記了我在孝順這件事。

「忘」字妙用無窮。〈達生 19．9〉紀渻子為齊王養鬥雞，最後這隻雞忘了一切，呆若木雞，結果沒有雞敢來應戰。然後，在〈徐無鬼 24．1〉，徐無鬼與魏王聊到怎麼相狗、怎麼相馬，其最高層次也是「忘」：忘記自己是狗，忘記自己是馬。

說到「忘」，當然不能忽略〈大宗師 6．10〉所說的「魚相忘乎江湖，人相忘乎道術」，也都是用「忘」。我們在講解過程中，談到一般人「重外而輕內」，對於外在的得失成敗非常在意，而內心的感受卻談不上，隨人俯仰而已。那麼要如何修練？要「重內而輕外」。外在的一切始終在變化中，來來去去可有可無。因此，要重內！「重內而輕外」不容易。在〈寓言 27．3〉，曾參說他開始出來做官時，賺的錢少，但可以奉養父母。後來做了大官賺錢很多，但父母不在身邊了，他為此覺得難過。孔子就說：曾參還是有所牽掛。無所牽掛的人看待不管多少錢，都好像鳥雀、蚊虻在眼前飛過去一樣。如此才是「重內而輕外」，完全不受干擾。到最後一步，是「有內無外」。「有內無外」就是要一個人活出真實的自己。在〈漁父 31．3〉，漁父告訴孔子：「真者，精誠之至也。」真實的人是「精誠之至」，是專一而誠懇的極致狀態。這也是「有內無外」的表現。

《莊子》書中也有些人出來做官，但他們的表現很特別。譬如，〈田子方 21．8〉有一位臧丈人，他成功輔佐周文王，但周文王希望他進一步幫助他平定天下。然後呢？臧丈人很客氣，稍微應付一下就走了。這也是「外化而內不化」的案例。周文王請他幫忙治理諸侯國，他就幫忙，他的幫忙是無心而為，無為而成。進一步要他幫忙推翻商紂王，那就很抱歉，他就不奉陪了。有些人做官可以達到這樣的境界。在〈德充符 5．5〉魯哀公遇到的醜人哀駘它，最後也是泛泛地回應一下，然後不久就離開了。

莊子本人在世間，當然知道自己生活窮困，他出門時也會去打獵、釣魚，希望家人衣食無缺。但到了窮困至極的時候，也會向人借米、借錢（〈外物 26．2〉），這代表什麼？外化。誰讓他遇到這樣的時代這樣的社會呢？誰讓他生不逢時呢？但是，他也做到內不化。借不到錢，就繼續過貧困的日子。別人嘲笑他住在窮街陋巷，靠著織鞋維生，餓得面黃肌瘦，他也甘之如飴。這就是外化而內不化的體現。

因此，談到與別人要「化」，必須記得兩個層次。「外化」是與別人相處互動；一切順其自然，不需要特立獨行，也不必讓別人覺得勉強尷尬，這是「外化」。但同時還要「內不化」，內心不受任何干擾。這當然是更難的挑戰。「外化」還比較容易，但可能外化內也化，通通化不見了。或者說，有些人是外不化內也不化，固執己見。莊子可以做到外化而內不化。「內不化」是因為悟道，了解一切都在「道」裡面，所以個人的情緒或意願，沒有必要顯示出來。我們強調人到中年要學習道家，至少可以超越個人情緒上的困擾。對任何事，該做就做，做完就放下，然後繼續過日常生活，平平凡凡裡面就有悟道的機緣。

與自己要「安」，與別人要「化」，然後在人間就可以平安過日子了。不管時代如何複雜，社會如何演變，都知道如何出處進退。與儒家對照的話，可以說：用儒家來處世，用道家來自處。事實上，莊子的「外化」可以包含儒家的處世哲學：做好該做的事。只不過儒家的外化是有壓力的，在《論語・憲問》，一個守門人描寫孔子是「知其不可而為之者也」。那就是儒家，肯定人有天命，因而要依向善的人性，去擇善固執，以求止於至善。道家與此不同。以莊子為例，他所覺悟的不是儒家的天命，而是做為萬物來源與歸宿的「道」，也因而可以「知其不可奈何而安之若命」。「安」與「化」是處於人間的兩大原則。那麼，如何面對自然界呢？

總結 3

與自然要「樂」

關於「自然」這個詞，要簡單說明一下。在老子《道德經》，「自然」一詞出現 5 次（第 17、23、25、51、64 章），它所指的並不是天地萬物，因為老子《道德經》多次使用「天地萬物」，以之代表我們所見的自然界或大自然。那麼，「自然」二字是什麼意思？是「自己如此的樣子」。因此，首先要說明一句話，就是《道德經》第 25 章所謂的「人法地，地法天，天法道，道法自然」。這裡的「自然」不是指天與地，否則變成循環論證。「道法自然」是說：萬物保持自己的樣子，「道」就在裡面。不過，隔了將近二百年，到莊子的時代，已經用「自然」代表天地萬物，也就是自然界了。

「自然」在《道德經》是「自己如此的樣子」，這是「自然」原始的意思，在《莊子》書中偶爾也採用此意。但更多的是，莊子以「自然」來指天地萬物，也就是指自然界；有時候以「天地」來代表，甚至以「天」來代表整個自然界。

《莊子》書中，經常使用「天」的組合詞，如「天人、天樂、天門、天籟、天鈞、天倪、天極、天倫、天和」等，超過 35 個用「天」組合的詞。在這些組合詞中，「天」都是指自然界或自然的。它有三點特色：一，自有規律，如春夏秋冬四季、日月的運行等。二，生態平衡，它有食物鏈，構成一個穩定和諧的狀態。三，與人有關的方面，是因果對稱。

「因果對稱」是什麼意思？在〈則陽 25．6〉指出：你耕田、鋤草時，如果鹵莽草率，收穫就很差。這等於是說，自然界會像因果對稱一樣地回應人的作為。這就是自然的三點特色：自有規律、生態平衡、因果對稱。而這三點正好都與人的世界不一樣。

人間的特色是什麼？首先，人間的一切有規律嗎？不見得。我們常說「唯一不變的就是變化」。人有認知能力，認知一旦陷入區分，所有的價值都成為相對的。什麼是流行的趨勢？每一個時代不一樣。什麼是高尚的表現？每一個社會也不一樣。

其次，人間有生態平衡嗎？人的世界貧富差距嚴重，沒有平衡可言。然後，「因果對稱」更談不上了。人間的情況是：善沒有善報，惡沒有惡報；或者，因果報應很不明顯，有時候甚至顛倒錯亂。這一點在〈盜跖〉，以及〈駢拇〉、〈胠篋〉等篇，特別醒目。因此，自然界的一切好像都與人的世界不同，而在《莊子》書中，對於自然界的描述特別生動而豐富。我們可以學習到什麼？

首先，人從自然界領悟了生命之短暫快速及無常。像我們多次提及〈知北遊 22．7〉千里馬跑的時候「若白駒之過郤，忽然而已」。其次，我們領悟了見利思害：莊子多次提及「豐狐文豹」因為外皮美麗，而被人類追捕殺害（〈山木 20．2〉）；猿猴靈巧可以表演，也先被人捕去（〈應帝王 7．4〉）。這些都警惕人們要見利思害；並且利害是環環相扣的，如「螳螂捕蟬，異鵲在後」（〈山木 20．10〉）。第三，它使人領悟要安於自己。《莊子》書中提及三種以屠宰為業的人：一，屠宰牛，就是庖丁解牛（〈養生主 3．2〉）；只要依照牛自然的生理結構，順著牛本來的構造下刀，就可以從技術轉化為藝術。對牛來說，痛苦也降到最低。二，屠宰羊，屠羊說（〈讓王 28・7〉）做到了安於自己，他以宰羊為業，安安分分過日子。三，屠宰龍，（〈列御寇 32・3〉）「朱泙漫學屠龍」，最後沒有龍可以讓他去發揮本事，這提醒我們：真正要屠的是一個人自己的心中之龍。

既然說到龍，我們看到「乘雲氣，御飛龍」（〈逍遙遊 1・9〉）；河裡的黑龍睡著了，你可以取得珍貴的寶珠，牠一旦醒來就危險了（〈列御寇 32・8〉）；孔子形容老子的時候，說他像龍一樣，「乘乎雲氣而養乎陰陽」（〈天運 14・11〉）。龍的啟發也彌足珍貴。至於人間的統治者，莊子怎麼形容呢？大臣像是螳螂、養虎者、愛馬者；君王就像無情的車輪、兇猛的老虎、易受驚的馬（〈人間世 4・11〉）。

以動物世界來比喻人間，使人印象深刻。譬如黏蟬老人的專注（〈達生 19・4〉），紀渻子訓練鬥雞（〈達生 19・9〉）；與其做官而提早結束此生，寧可像烏龜一樣在泥地裡爬行（〈秋水 17・13〉）；別人以為他來搶位子，他說：「我就像志趣高雅的鵷鶵，對於一隻腐爛的老鼠，實在沒有興趣。（〈秋水 17・14〉）。飛行的時候要像意怠鳥，不領頭也不居後，也不搶先飲食，如此可以活得安全（〈山木 20・5〉）；要像一般人家中屋簷的燕子，雖然築巢在人間，但隨時可以為了保全性命而離開（〈山木 20・9〉）。

《莊子》書中讓人印象深刻的是什麼？是他在山上勞累之後睡著了，夢見自己變成蝴蝶，在那一瞬間忘了自己是莊周。醒來之後不知道是剛才自己夢到蝴蝶，還是現在蝴蝶夢到自己變成莊周。進而想到萬物同化，更覺悟「周與胡蝶則必有分矣」。

（〈齊物論 2．17〉）

莊子與惠施往來辯論，有一次談到「魚快樂嗎？」惠施又一次敗下陣來，因為莊子從邏輯的角度，讓惠子承認自己沒有碰到問題就失敗了。因為他「知道」莊子知道魚快樂才問他「怎麼知道？」接著他又說：他「不知道」莊子是否知道魚快樂。這不是自相矛盾嗎？（〈秋水 17．15〉）

在天上自由飛翔的鳥，也是莊子筆下的嬌客。譬如，大鵬鳥、鵷鶵，來到魯國的巨鳥（〈至樂 18．6〉、〈達生 19．14〉）；飛得很慢很笨的意怠鳥；迅速逃離人間的鷾鴯鳥（〈山木 20．9〉）。還有「螳螂捕蟬」，那隻見利忘害的異鵲（〈山木 20．10〉）。然後，過著平凡日子，但神氣旺盛的水澤邊的野雞（〈養生主 3．4〉）。至於小東西，像蜩、學鳩（〈逍遙遊 1．4〉），鴟鵂（〈秋水 17．6〉），鷦鷯（〈逍遙遊 1．8〉）等等，不一而足。

海中的魚呢？沒有人會忘記〈逍遙遊 1．1〉首先上場的大鯤。任公子釣魚，一年之後難以想像的大魚終於上鉤（〈外物 26．3〉）。然後，河伯與海若的對話，七問七答，解釋了許多難題。（〈秋水 17．1—17．8〉）。

白龜託夢給宋元君，他有神妙的預測本事卻避不開禍害，這提醒了世人「雖有至知，萬人謀之」（〈外物 26．6〉）。捕到魚，就要忘記魚簍，要得意而忘言（〈外物 26．10〉）。加上東海之鱉與埳井之蛙的對話（〈秋水 17．11〉）等等。

因此，念《莊子》之後，與自然變得親近、親切，而愉悅、快樂。我們舉出許多動物的例子，而植物也同樣使人驚艷。〈逍遙遊 1．5〉就出現「五百年為春、五百年為秋的冥靈樹」，以及「上古八千歲為春、八千歲為秋的大椿樹」。還有兩棵大樹，枝繁葉茂，樹下可以遮蔽數千頭牛，一千輛馬車（〈人間世 4·12—13〉）。這些都是現代住在城市裡的人很難想像的自然界。

莊子信手拈來，都是一篇篇美妙的寓言故事。我們閱讀《莊子》，見識這些自然的景觀，好像也隨之回到古代人煙稀少的鄉下，可以遨遊於山水之間，其樂融融，這不是與自然要「樂」嗎？

人到中年，覺得世間壓力很大，世間有公平嗎？有正義嗎？什麼是公平正義？善惡有報應嗎？誰來決定什麼是善什麼是惡？這些都是問題。只要接觸大自然，就會覺得心胸可以調整放開，把世間一切拋諸腦後。

總結 4

與大道要「遊」

這是總結《莊子》的最後一篇。前面提過三句話：與自己要「安」，與別人要「化」，與自然要「樂」。這三句話的基礎都歸結於這裡所要說的，與大道要「遊」。我們以「道」為「大道」，是沒有問題的。老子《道德經》第 25 章說「勉強稱它做道」，緊接著說「如果勉強要形容它的話，可以稱它為大」，因而可以稱之為「大道」。

依《道德經》第 25 章所說的「有物混成，先天地生」，「大道」比天地還早，是作為根源的；它「獨立而不改，周行而不殆」，獨自存在而沒有改變，普遍存在而不會消失。莊子繼承老子的思想，他在〈大宗師 6．5〉，描寫「道」為「自本自根」。這四個字重要無比。「道」是天地萬物的來源與歸宿，描寫它是「自本自根」，完全恰當。

對此可以簡單比較。西方中世紀一千多年主要的信仰是基督宗教，包括天主教、東正教，以及宗教改革之後的基督教。基督宗教的背景是猶太教。猶太教相信世界是由唯一真神所創造的。所以先知摩西上了西奈山，就請問神的名字，神說：「我是自有永有者。」意思是：我自己存在，也永遠存在。用莊子的話來說，那不正是「自本自根」嗎？自己為本，自己為根。但莊子不是宗教家，我們指出這種相關的對比，表示人的思想都有類似的模式。只要問到最根源的問題，如宇宙萬物充滿變化，人類世界也是生生滅滅，那麼這一切有根源嗎？如果沒有根源的話，表示萬物偶然碰巧出現，一切都是莫名其妙、糊里糊塗、無從計較。

如果要合理解釋這一切，那就有一個最初的根源及最終的歸宿。這個「初」與「終」其實是一個整體：萬物都來自於道又回歸於道。道本身要如何理解呢？就是「自本自根」。所以莊子準確地詮釋老子的核心思想。由此進一步，當別人問莊子「道在哪裡」的時候，答案是什麼？在後代興建的道觀裡嗎？在崑崙山上嗎？在某個西方的極樂世界嗎？都不是。莊子的回答是：「無所不在」。因此總結莊子談到「道」的時候，要記得兩句話：一是「自本自根」，二是「無所不在」。這兩句話合起來，就構成道家思想的基礎。人生最重要的事莫如悟道，而悟道需要修練。

《莊子》書中談到有關修練層次的，有七個步驟（〈大宗師 6．6〉）與九個步驟（〈寓言 27．4〉）。但是其出發點，都是要從「形如槁木，心如死灰」開始。只有成為槁木死灰，才能超越所有的變化，包括人的生命變化與宇宙萬物的變化。修練的目標是要「虛己」（放空自己），使精神可以展現出來與道契合。這種契合就是「與造物者遊」。《莊子》書中至少六次提及「造物者」一詞，所指的正是「自本自根」的道。

道是自本自根的，那麼天地萬物必然從它而來。它不正是造物者嗎？人在修練之後悟道，就可以像莊子一樣，「上與造物者遊」。事實上，莊子這樣講等於是肯定自己成為真人了。〈大宗師 6．1—3〉所謂的「大宗師」就是指「道」，而悟道者即是古之真人。他的表現是：情緒不受干擾，生理狀態穩定，以及從容順受一切。必須先抵達「形如槁木，心如死灰」的修練成果，才可能有這樣的表現。修練過程的七個步驟是：外天下、外物、外生、朝徹、見獨，然後，「無古今」，超越時間，最後「不死不

生」，進入永恆。（〈大宗師 6．6〉）

悟道之後有什麼特別的心態呢？〈秋水 17．5〉提及「以道觀之，物無貴賤」，萬物沒有貴賤之分；〈天地 12．1〉提及「以道汎觀，而萬物之應備」，就是從道的觀點來廣泛看待一切，萬物的對應都是完備無缺的。結論是：萬物都有其存在的條件與理由，都是道讓它們存在的。

如此可以再問：人的生命呢？人的生命是萬物之一，所以，人也是從道而來的。如此一來，可以從根本上化解我們在本書開頭所擔心的「存在上的虛無主義」。老子與孔子生於亂世，各自面對及化解一種虛無主義，有如分工合作。孔子面對的是「價值上的虛無主義」。他害怕人間善惡不明顯、善惡無報應，於是肯定人性向善，要人真誠由內而發產生行善的動力，然後使社會秩序可以重新得到穩定。他做的是「承禮啟仁」。老子與莊子面對的挑戰是：要化解「存在上的虛無主義」。他們認為，解決價值問題，並非根本之計。世間價值觀是相對的，永遠爭論不休。問題出在人的認知能力，而認知能力要由區分而避難而啟明，找到萬物的來源與歸宿，如此則化解了存在上的虛無主義，也從根本上消除了價值上的虛無主義。

人在悟道之後，最明顯的表現就是「遊」。《莊子》書中多次提及「逍遙遊」的「遊」字，像遊於無窮之野、遊於廣莫之野、遊於無何有之鄉、遊於無極等。所遊的範圍，並不限於人間與自然界，而是所有一切可以想像的地方。在〈天下 33．8〉莊子描寫自己的境界時，直接就說「上與造物者遊」。

學習道家，首要目標是領悟「究竟真實」。所有人間的與自然的一切都在變化之中，都是短暫的真實，如果沒有領悟終極的

「究竟真實」，則一切都是幻覺而已；如果領悟了道，就不一樣了，所有短暫的真實都可以回溯於「究竟真實」。

領悟了究竟真實，接著出現的是審美感受。以儒道二家來說，儒家掌握的是善，從「人性向善」到「擇善固執」到「止於至善」。而道家掌握的是真，只要領悟到「真」的基礎，則所有的一切都成為可欣賞的對象，由此洋溢著審美的情懷。所以莊子才會說「天地有大美而不言」。（〈知北遊 22・3〉）

想到這句話就會覺得開心。天地有大美，為什麼不把眼光放大呢？為什麼不去欣賞自然界的日月星辰、山河大地、鳥獸蟲魚、花草樹木？然後人間的各種困擾與煩惱，不是很容易就可以化解及超越嗎？

我們學習莊子，明白這四個字，就知道如何與自己相處、與別人相處、與自然相處，與大道相處。

結論是：要與莊子為友，繼續探討人生，領悟大道。

內容簡介

《莊子》是道家思想的代表性經典。

傅佩榮教授自 2021 年 11 月起，在中國音頻平台喜馬拉雅 FM 講述《莊子》，立足原典，深入淺出，全面解讀莊子思想，本書根據原課程為基礎，加以補充修訂與改寫，全書共三冊，分別譯解內篇、外篇、雜篇，完整收錄其多年研究《莊子》的全部心得。

《莊子》是人生必讀的一部書。

明朝學者王世貞將其選入四大奇書，清朝學者金聖歎亦評其為六才子書之一。傅佩榮教授指出，《莊子》的特色是思想深刻、系統完整、啟發無限，在中國文化發展中，老莊思想之道家與儒家分庭抗禮，對於後世影響卓著。

莊子思想帶給讀者的啟發是無所限制的。

老子虛擬一個聖人做為悟「道」的統治者，到了莊子筆下，重點轉為個人也可以悟「道」。學習莊子思想，可以調整宇宙觀，挑戰人生觀，顛覆價值觀，帶來源源不絕的驚喜與覺悟。

莊子思想也與 21 世紀「後現代社會」習習相關。因為他的做法是「先破再立」。破除傳統的價值觀，明白所有的教條都有其限制，並要先問自己：一生的目的何在？是為了別人而活？還是為了社會既定的價值觀而活？莊子認為最好追求為自己而活，活得真實而真誠，並設法悟「道」，再進一步與「道」合一。

本書融合當代人的生活講述莊子智慧，解決人生困惑。

《莊子》是一本既有趣卻又很難懂的書，傅佩榮教授以簡明生動的方式，引領讀者認識莊子的心靈大觀園，並總結莊子對現代人的明確點撥。

作者簡介

傅佩榮

美國耶魯大學哲學博士，曾任比利時魯汶大學與荷蘭萊頓大學講座教授，臺灣大學哲學系教授、主任兼研究所所長。著有《哲學與人生》、《柏拉圖》、《儒道天論發微》、《儒家哲學新論》、《孔門十弟子》、《不可思議的易經占卜》、《文化的視野》、《西方哲學心靈・全三卷》、《傅佩榮莊子經典五十講》、《傅佩榮生活哲思文選・全三卷》、《傅佩榮宗教哲學十四講》、《傅佩榮先秦儒家哲學十六講》、《傅佩榮周易哲學十五講》、《傅佩榮論語、孟子、易經二十四講》、《人性向善論發微》、《傅佩榮講道德經》、《傅佩榮講易經》（全二冊）等，並重新解讀中國經典《論語》、《孟子》、《老子》、《莊子》、《易經》、《大學・中庸》，譯有《四大聖哲》、《創造的勇氣》、《人的宗教向度》等書，策劃《世界文明原典選讀》（全六冊）及編譯《上帝・密契・人本》。

傅佩榮國學頻道

經典解讀與哲學

西方哲學心靈
從蘇格拉底到卡繆
傅佩榮◎著

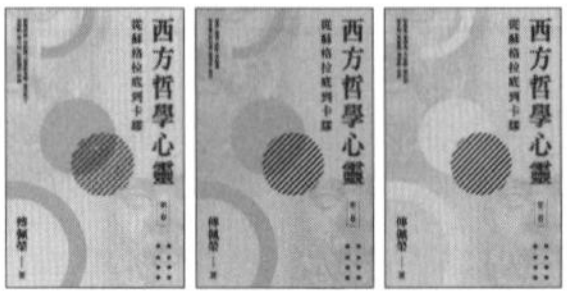

第一卷 蘇格拉底．柏拉圖．亞里斯多德．休謨．奧古斯丁．多瑪斯．笛卡兒．史賓諾莎

第二卷 盧梭．康德．席勒．黑格爾．叔本華．齊克果．馬克思．尼采

第三卷 柏格森．懷德海．卡西勒．德日進．雅士培．馬塞爾．海德格．卡繆

定價：1120元（全三冊）

傅佩榮教授解讀哲學經典
新世紀繼往開來的思想經典
跨越智慧的門檻、文字的隔閡
大字校訂．白話解讀．提供現代人簡單而有效的閱讀方法

《論語解讀》 沉潛於孔子思想的普世價值與人文關懷
平：420元

《孟子解讀》 探究孟子向當政者滔滔建言的政治理想與人生價值　平：380元

《莊子解讀》 逍遙翱遊莊子無限廣闊的天地
平：499元

《老子解讀》 深入老子返樸守眞的自由境界
平：300元

《易經解讀》 涵蓋「天道、地道、人道」的生命哲學
平：620元

《大學．中庸解讀》 探究「大學」之道，再現古代理想教育體現「中庸」之至德，化育人性的契機
平：280元

文化的視野
當代人文修養四講：
文化．愛．美．宗教
傅佩榮◎著

ISBN:957-8453-21-3
定價：210元

平裝

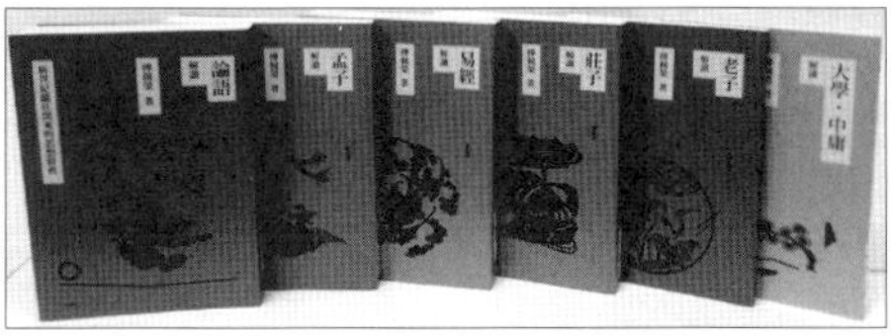

創造的勇氣：羅洛．梅經典
若無勇氣，愛即將褪色，
然後淪為依賴。
如無勇氣，忠實亦難堅持，
然後變為妥協。
羅洛．梅 Rollo May◎著
傅佩榮◎譯
中時開卷版書評推薦
ISBN:978-986-360-166-1
定價：230元

科學與現代世界
二十世紀大哲懷德海演講集
A. N. Whitehead◎著
傅佩榮◎譯

青年日報副刊書評推薦
ISBN:957-8453-96-5
定價：250元

人的宗教向度
LouisDupre◎著
傅佩榮◎譯

ISBN:986-7416-39-2
定價：480元

經典解讀與哲學

傅佩榮周易哲學十五講
易經入門——哲理及占卦
傅佩榮◎著

定價：580元

傅佩榮先秦儒家哲學十六講
親近眞儒家
傅佩榮◎著

定價：520元

傅佩榮宗教哲學十四講
關於「神與哲」的十四堂宗教哲學課
傅佩榮◎著

定價：460元

上帝・密契・人本：西方宗教哲學討論集
當耶穌遇到蘇格拉底
傅佩榮◎編譯

定價：350元

四大聖哲：蘇格拉底、佛陀、孔子、耶穌
雅士培（Karl Jaspers）◎著
傅佩榮◎譯

定價：350元

傅佩榮論語、孟子、易經二十四講
來自真誠的力量
傅佩榮◎著

定價：350元

傅佩榮生活哲思文選（全三卷）
傅佩榮◎著
第一卷：處世・人際・簡樸
定價：300元
第二卷：修養・理念・志趣
定價：280元
第三卷：知識・閱讀・體驗
定價：280元

世界文明原典選讀

傅佩榮／總策劃

《六大文明經典》

古國系列｜中國・希臘・印度（全三冊）
傅佩榮、徐學庸、何建興、吳承庭◎主編
定價：1220元

宗教系列｜猶太教・佛教・天主教（全三冊）
傅佩榮、劉清虔、蔡耀明、黎建球◎主編
定價：1420元

國家圖書館出版品預行編目(CIP) 資料

傅佩榮講莊子 / 傅佩榮作 -- 初版 -- 新北市:立緒文化事業有限公司, 民114.01
全三冊 ; 14.8×23 公分. --（世界公民叢書）

ISBN 978-986-360-232-3(全套 ; 平裝)

1. (周)莊周 2. 莊子 3. 學術思想注釋

121.331 113017784

傅佩榮講莊子：第三冊・雜篇（全三冊）

出版——立緒文化事業有限公司（於中華民國 84 年元月由郝碧蓮、鍾惠民創辦）
顧問——鍾惠民

作者——傅佩榮

地址——新北市新店區中央六街 62 號 1 樓
電話——(02) 2219-2173
傳真——(02) 2219-4998
E-mail Address —— service@ncp.com.tw
劃撥帳號—— 1839142-0 號 立緒文化事業有限公司帳戶
行政院新聞局局版臺業字第 6426 號

總經銷——大和書報圖書股份有限公司
電話——(02) 8990-2588
傳真——(02) 2290-1658
地址——新北市新莊區五工五路 2 號
排版——菩薩蠻數位文化有限公司
印刷——尖端數位印刷股份有限公司

法律顧問——敦旭法律事務所吳展旭律師

分類號碼—— 121.331
ISBN —— 978-986-360-232-3
平裝出版日期 — 中華民國 114 年 1 月初版 一刷（1 ～ 1,500）
中華民國 114 年 10 月初版 二刷（1,501 ～ 2,500）

定價◎ 1200 元（全三冊）

大都文化 閱讀卡

姓　名：

地　址：□□□

電　話：（　　）　　　　　　傳 眞：（　　）

E-mail：

您購買的書名：______________________________

購書書店：__________市（縣）______________書店

■您習慣以何種方式購書？

□逛書店 □劃撥郵購 □電話訂購 □傳真訂購 □銷售人員推薦

□團體訂購 □網路訂購 □讀書會 □演講活動 □其他________

■您從何處得知本書消息？

□書店 □報章雜誌 □廣播節目 □電視節目 □銷售人員推薦

□師友介紹 □廣告信函 □書訊 □網路 □其他____________

■您的基本資料：

性別：□男 □女　婚姻：□已婚 □未婚　年齡：民國______年次

職業：□製造業 □銷售業 □金融業 □資訊業 □學生

□大眾傳播 □自由業 □服務業 □軍警 □公 □教 □家管

□其他 ______________________________

教育程度：□高中以下 □專科 □大學 □研究所及以上

建議事項：

立緒文化閱讀卡

感謝您購買立緒文化的書籍

為提供讀者更好的服務，現在填妥各項資訊，寄回閱讀卡（免貼郵票），或者歡迎上網http://www.facebook.com/ncp231即可收到最新書訊及不定期優惠訊息。